U0933880

珍藏本
纪念版

汉译世界学术名著丛书

增长、短缺与效率

——社会主义经济的宏观动态模型

〔匈牙利〕亚诺什·科尔奈 著

潘英丽 译

2017年·北京

János Kornal

GROWTH, SHORTAGE AND EFFICIENCY

A Macrodynamic Model of the Socialist Economy

Basil Blackwell, Oxford 1982

本书根据英国牛津巴西尔·布拉克维尔出版社 1982 年版译出

汉译世界学术名著丛书
（120年纪念版·珍藏本）
出版说明

2017年2月11日，商务印书馆迎来120岁的生日。120年前，商务印书馆前贤怀揣文化救国的理想，抱持“昌明教育，开启民智”的使命，立足本土，放眼寰宇，以出版为津梁，沟通中西，为中国、为世界提供最富智慧的思想文化成果。无论世事白云苍狗，潮流左右激荡，甚至战火硝烟弥漫，始终践行学术报国之志，无改初心。

逐译世界各国学术名著，即其一端。早在20世纪初年便出版《原富》《天演论》等影响至今的代表性著作，1950年代后更致力于外国哲学和社会科学经典的译介，及至1980年代，辑为“汉译世界学术名著丛书”，汇涓为流，蔚为大观。丛书自1981年开始出版，历时三十余年，迄今已推出七百种，是我国现代出版史上规模最大、最为重要的学术翻译工程。

丛书所选之书，立场观点不囿于一派，学科领域不限于一门，皆为文明开启以来，各时代、各国家、各民族的思想与文化精粹，代表着人类已经到达过的精神境界。丛书系统译介世界学术经典，引领时代思想，为本土原创学术的发展提供丰富的文化滋养，为推动中国现代学术和现代化进程做出了突出的贡献。

为纪念商务印书馆成立120周年，我们整体推出“汉译世界学术名著丛书”120年纪念版的珍藏本，寄望既利于文化积累，又便于研读查考，同时向长期支持丛书出版的译者、编者和读者致以敬意。

两甲子后的今天，商务印书馆又站在了一个新的历史时间节点上。我们不仅要铭记先辈的身影和足迹，更须让我们的步伐充满新的时代精神。这是商务人代代相传的事业，更是与国家和民族的命运始终紧密相连的事业。我们责无旁贷，必须做好我们这代人的传承与创造，让我们的努力和成果不仅凝聚成民族文化的记忆，还能成为后来人可以接续的事业。唯此，才能不负前贤，无愧来者。

商务印书馆编辑部

2017年10月

译者的话

本书著者亚诺什·科尔奈是匈牙利著名经济学家，匈牙利经济体制改革的倡导者之一，以研究社会主义经济改革而获得国际声誉。

科尔奈著有《经济管理的过分集中》(1959 年)、《反均衡论》(1971 年)、《激进还是和谐增长》(1972 年)、《结构决定的数学规划》(1975 年)、《短缺经济学》(1980 年)和《增长、短缺与效率》(1982 年)等书，这些书已被译为英、法、俄、日等国文字，产生了较大的影响。

本书可以说是《短缺经济学》的姊妹篇。《短缺经济学》从静态和比较静态的角度侧重分析企业等微观经济行为，本书在微观分析的基础上建立了社会主义经济的宏观动态模型。

本书同时又是科尔奈把西方经济学家哈罗德、冯·诺伊曼和波兰经济学家卡莱茨基的增长理论同他自己的理论联系起来的一种尝试。科尔奈认为他的模型属于哈罗德—诺伊曼增长模型的家族，因为科尔奈模型中经济增长的正常轨道正是哈罗德—诺伊曼的正常轨道，整个体系沿正常轨道运行的必要条件是一致的。

科尔奈关于社会主义经济增长模型的见解和特点可以概括为以下几个方面：

第一，科尔奈第一次把短缺作为新的变量引入增长模型，对短缺、效率和增长之间的关系展开论述。

第二，提出了表述传统社会主义经济投资行为的投资模型及投资过程的控制模型。

第三，科尔奈的增长模型是对实际领域有着内生控制的增长模型。

第四，将数学控制论运用到模型之中，对于研究社会主义经济稳定增长、防止指令性经济出现严重比例失调，具有现实意义。

本书分析和研究的是东欧各国经济的增长和控制的问题。作者所提供的有关资料和研究成果，可供我国读者研究东欧经济之用。

目　　录

序　　言

我对 1980 年被邀进行詹森讲学感到十分荣幸。我感谢依尔约·詹森基金会*促使我再一次思考讲学中所要讨论的一些问题。首先是 J. 鲍尼奥教授和 S. 洪卡波亚博士——为使我从讲学后进行的各次讨论中得到尽可能多的收获，他们尽了最大的努力。

新卢万、卢万天主教大学经济学院的邀请为我提供了一次预演詹森讲学的有利机会。我愿借此机会感谢 J. 德雷茨、P. 曼蒂和 H. 图尔肯斯教授以及其他比利时的同事对我提出宝贵的意见。

我特别感谢安德拉斯·西莫诺维茨，他帮助我澄清了本书中涉及的几个数学问题。我们研究的一些结果不久将由我同安德拉斯·西莫诺维茨联合发表。这些结果与我的詹森讲学中的课题有关，但在这本书中未作详细讨论。

茨苏沙·卡皮塔尼帮助我编制了模拟习题的计算机程序；彼得·韦里什帮助我澄清了一些数理统计问题，并帮我做了一些计

---

* 依尔约·瓦尔德玛·詹森是赫尔辛基技术学院的经济学教授。1954 年，他妻子希尔玛·詹森按照他的愿望设立了一项基金。依尔约·詹森基金的宗旨是促进芬兰的经济研究。本着这一宗旨，该基金通过向学者个人提供奖学金、向学院提供资金来支持他们的研究工作，并且也邀请国际著名的经济学家到芬兰讲学，讲稿随后编成依尔约·詹森讲学的丛书出版。本书就是该丛书中的一本。——译者

算;阿蒂拉·契康、Z.哈尔密夫人、玛利亚·拉可、爱德·洛瓦斯、玛尔塔·纳吉和彼得·彼特帮助我收集了数据。尽管我在后面合适的地方将提到他们的工作,我还是愿意现在就感谢他们宝贵的帮助。

我的几位同事阅读了本书的初稿:有些人的名字我已经提到,但我现在要补充其他一些人,他们的名字是茨苏沙·丹尼尔、亚诺什·加克斯和贝拉·玛托斯。我感谢他们有益的意见。

最后,我要感谢译者依洛那·卢卡斯和编辑保尔·哈尔博士忠实的工作。

亚诺什·科尔奈

布达佩斯

第一章　导论

本书集中研究的是这样一种增长模型，它打算描述和分析社会主义经济制度的某些性能。长期增长现在已不是一个时髦的课题了。然而，我认为现在至少该是一些经济学家转而注意不朽的增长问题的时候了。

关于增长的理论文献卷帙浩繁。我不想列出长长的书单，而只想提一下对本书最有实质性影响的三位经济学家的名字。他们是冯·诺伊曼、哈罗德和卡莱茨基。[①] 创立与增长理论观点不同的新颖的观点不是我的目标。相反，如果读者在本书中认出几个他在别的著作中已经熟知的原理，我会感到十分满意。我将试图在诺伊曼—哈罗德—卡莱茨基的增长理论和我自己关于社会主义经济的思想之间建立起一种联系。

本书是我以前几部著作的有机的延续。《反均衡论》提出了关于对经济制度作理论考察的一般方法论基础的几个想法。我的《短缺经济学》一书试图对社会主义经济的微观经济理论有所贡

① 近年来，匈牙利经济学家在运用增长理论分析社会主义经济的课题上，已经完成了几部重要的研究著作。我应该特别提到的是以下这些人的著作，他们是 M. 奥古茨提诺维克斯和她的同事；I. 里杰蒂；J. 利勒；J. 西瓦克；Gy. 斯扎克尔赞和他的团队；以及 Gy. 斯泽佩西和 B. 斯泽克利。

献。我同贝拉·玛托斯合编的《非价格控制》讨论了数学控制理论的应用范围,尤其是所谓正常值控制这种特殊控制形式的应用范围。①

本书由于对社会主义经济的宏观动态理论有所贡献,从而充实了这些著作。当然,正如以前那几本著作一样,这一著作也远未能对其课题作出详尽无遗的论述,而仅仅概述了几个想法。

我已设法将这篇论文安排得使那些也许不熟悉我以前几部著作的读者也能理解它。然而,我恐怕只成功了一半。有限的篇幅有时使我不得不把在以前的著作中需要整章来讨论的难题只用几句话来“解决”。但能否成功地使读者相信我在本书中使用的方法是正确的,我没有把握。并且,即使我渴望达到这一点,我也只能希望读者相信,这些读者熟悉下面注释中提到的那些书,而且理解这里提出的思想同以前解释过的理论与方法论基础之间的关系。②

① J. 科尔奈:《反均衡论》(阿姆斯特丹,北荷兰出版社,1971 年);J. 科尔奈:《短缺经济学》(阿姆斯特丹,北荷兰出版社,1980 年);J. 科尔奈和 B. 玛托斯(合编):《非价格控制》(阿姆斯特丹,北荷兰出版社和布达佩斯,匈牙利科学院出版社,1981 年)。

一项根据匈牙利的数据由一个团队在著者指导之下运用宏观计量经济动态模型开展的模拟研究也可以看作是目前这一研究的进一步准备。J. 加克斯,Zs. 卡皮塔尼和 M. 拉可对这项工作作出了贡献。关于这种模型已写出了几篇未发表的论文,并随着作出了计算。

② 对于那些不打算阅读上面提到的那些书,但不怕更短的阅读书目的人,我也许可以推荐“资源约束型制度与需求约束型制度”一文(载《计量经济学杂志》,1979 年,第 47 期,第 801—820 页)作为入门书。本书也可以被解释为这篇文章中所说的非常形象化的水力模型(蓄水池、抽水机、水龙头等等)到数学模型的过渡。

读者可以仔细查阅《短缺经济学》第 9—14 章以及第 20 章作为阅读这篇文章的补充。

这本书主要关心的是描述增长模型并对其假定和结论作出经济的解释。我不探究模型的数学分析和命题的数学证明，也不探究形式上的和技术上的问题。这些都留待其他书刊去讨论。

最后，还要说的是，试图运用增长理论来考察某些社会主义经济问题是本书的“主要产品”。同时，我还想得到几个“副产品”，例如，根据一般方法论原则所作的考察报告，这种报告在考察其他社会经济制度时也是有用的。

第二章　模型的主要特性

主要性质

以下是模型的几个主要特性：

（一）我们描述一种动态体系。用数学术语来说，这种模型是用一组差分方程表示的。

借助于模型，我们将描述长期过程和短期过程，并考察二者的相互作用。

模型中出现存量变量和流量变量，这两种变量通过动态平衡方程式联系起来。在前后一贯地运用存量—流量方法上，我们背离了其他许多增长理论模型。例如，我们背离了诺伊曼模型和里昂节夫动态模型的多数应用。①

（二）模型的总量形式描述实际领域：生产、投资、贸易和消费。同时，模型内生地描述指导实际领域的控制领域。换言之，它以方程式表述决策者的行为。这又是对局限于考察实际领域的大量增长理论文献的一种背离。

① 关于存量—流量方法的重要性，J. C. 休恩曼在“均衡经济学的危机”（1978—1979 年）一文中提出了一些重要的想法。

（三）在描述实际领域时，我们运用几个不同的简化假定。然而，这些假定与社会主义经济的特殊性没有密切的关系。但不管怎样，使用这组特殊的模型能够说明任何经济制度的实际领域的增长情况。与此相反，对控制领域的描述是具有制度特征的。我们提出控制领域，是为了探索并把握东欧社会主义国家控制机制的某些特征。在讨论的过程中，我不断重复地提到这一点，但是，我始终考虑到在今天东欧社会主义各国的社会关系和制度结构中起作用的经济。

模型不反映匈牙利 1968 年改革以来显示出来的经济控制的特点。相反，它试图描述改革以前的、传统的东欧经济的机制，以及改革以前和改革以后的、经济管理的共同性质。

（四）分析不是规范的。我不打算就经济政策提出劝告。我们将试图了解——描述并说明——社会主义经济增长的若干特性。我们并不认为，经济政策是存在于体系之外并从外面（听取经济学家的意见，遵循规范模型的劝告或个人的判断）加以控制的某种东西。经济政策是该体系的一个内生部分[①]。纵然，模型采取的是一种非常简化的形式，但它试图反映经济政策的制定者和计划者的反应，以及他们的行为的规律性。

（五）这是一种纯理论的研究。数字只偶尔散见于正文之中，并且完全是为了说明的目的。

我们不打算将下一章中详细叙述的模型作为宏观计量经济模

① 我从阿萨·林德贝克那儿借用了这一措辞。（参阅“开放经济的稳定政策与内生的政治家”，《美国经济评论》1976 年第 66 期，“论文与记录”，第 1—19 页。）

型，我们也不打算估计参数和进行数量分析。相反，我们借助目前这个模型想要得到的只是一些定性的命题。

我希望，将来某个时候，我的著作可以作为宏观计量经济研究的起点。假如这种希望能实现的话，这个模型显然必须在两个方面加以修改。首先，有关国家经济史的实际分析或许会使人们清楚地看到：模型中，必须加入更多的变量和方程式，必须修正某些关系，必须改变模型的时延结构，等等。在纯理论方面，可能而且必须进行比以统计为基础的计量经济模型所能接受的简化，更大得多的简化。

其次，在宏观计量经济学的应用上，变量和参数的定义，还有方程式的结构也必须跟着它们一起调整得能与可利用的数据相适应。不可避免地需要为数量表示的缘故作出许多让步。然而，到目前为止，这还是不必要的。在目前情况下，理论已首先被用公式表示出来，留待由理论的需求或按实际计量困难由重新用公式表示的理论的需求，根据计量的一套方法来遵行和促进。

（六）模型的结构不适于内生地表述从一个历史时期到下一个历史时期的过渡。我们打算用模型来阐明，在一个既定的体制内，并在或多或少稳定的外部条件下，增长和增长的控制怎样在“普通的”或“正常的”条件下发生。

一般假定

为了建立模型，我们将使用几个假定。先说说几个最一般的假定，其余的将在讨论的过程中加以论述。

一般假定 1. 我们在整个国家的宏观水平上考察经济，因此不采用产业分类。

一般假定 2. 经济由两个社会作用截然不同的部门构成：国家和集体所有的企业部门与家庭部门。东欧社会主义国家存在私人所有的企业和非正式的、非官方的私人活动(即所谓“第二经济”)，这类事实我们忽略不计。我们也不考虑那些法律地位不同于企业的非营利机构。国家预算无论在收入方面或在支出方面都不明显。许多西方宏观模型中的所谓“政府部门”只以公共企业部门的形式不完全地出现在我们的模型中。

把其他部门包括在模型中并非不可能，但要放到这项研究工作的稍后阶段。在采取最初步骤的时刻，这样做会妨碍纯理论的探讨，因此是毫无必要的。公共企业部门在生产活动中占有绝对优势，这是社会主义经济最主要的特征。因此，把我们的注意力集中在这个部门上将是有用的。

社会主义企业实际上是由一种多层次控制机制支配的。在我们严格的总量模型中，我们无法深究每一个管理层次发生影响的种种细节，也不能深究各个管理层次之间的相互作用。我们设计出对企业部门控制的方程式是为了描述上层、中层、下层管理者和计划者的活动，与中央和企业决策者的活动的共同结果。

一般假定 3. 我们在描述一种封闭经济：我们不考虑对外贸易，不考虑国际金融和国际信用联系。当然，这大大简化了实际情况。大多数东欧社会主义国家包括匈牙利在内，都是开放经济。同使用假定 2 的情况一样，使模型成为开放型的，并不会使模型的建立遇到不可解决的困难。在研究工作的稍后阶段，尤其在应用宏观计量经济学的时候，放弃封闭经济的假定，使模型变得开放是值得尝试的。但是，在目前工作的初始阶段，我不愿这么做。因为，这么做会使已经很庞大的联立方程变得更复杂。而且，我想说明从社会主义经济内部产生出来的那些问题，而不是其外部联系所造成的那些问题。从这个观点出发，如果我们在理论研究的最初阶段，考察封闭经济，那是特别有利的。

一般假定 4. 这模型中不出现货币。同以上那些假定相比较，我觉得这个假定的抽象性不太强。在描述现存的制度上，这个假定很有道理地接近现实。

让我们先来看看企业部门的情况。在社会主义经济的传统形式中——即分权化改革以前——企业实行财务会计制定。尽管如此，这个领域只在外观上具有货币的性质。企业的预算约束是相当“软”的：企业决策者只受到很松的制约。一般说来企业的预算约束不是一种有效的约束；它并不限制企业的选择自由。因此，货币就起着一种消极的作用。企业可得到的货币供给基本上适应货币需求，即，在最后帐目上，花钱的可能性与给定的实物资源相一致。筹集的资金适应实际交换，因而，储蓄适应实际投资①。

第四个假定对建立市场经济模型显然是不合适的，因为在市场经济中，包括企业部门在内的每个重要部门都面临着硬的预算

---

① 匈牙利 1968 年实行的经济管理体制改革增加了货币的作用，但是，直到 1979 年年底（当时作为这一模型的基础的研究工作已经完成），改革并没有导致企业部门真正“硬”的预算约束或真正活跃的货币。

约束。然而，在本书中，这个假定不仅为了简化是许可的，而且为了真实描述企业行为和控制生产也是必需的。

在家庭部门，预算约束是硬的。它有效地限制了家庭的消费决定。但是，家庭在决定其开支或储蓄时，甚至也考虑实际收入而不考虑名义收入。因而，作为一种重要的近似，把名义收入和消费品价格对家庭行为的影响放在一起考虑，似乎是合适的。结果，只有家庭的实际收入和实际消费包含在我们的模型中。①

一般假定 5．我们只讨论可储存的产品，不考虑各种服务（劳动除外）。

一般假定 6．劳动是唯一的初始资源。自然资源的作用忽略不计。

一般假定 5 和一般假定 6 的任何放松会从根本上改变我们的模型的数学性质，并且使公式的分析变得困难起来。这样，我们暂时必须坚持这些简化。这就引出了最后一个假定。

一般假定 7．模型中不存在不等式，上限或下限。除了一个双线性关系外，方程式是线性的。

我很勉强地采用一般假定 7。为了保证得出的数学模型是容易处理的，我们仅仅在这里接受这个假定。最好尽快地用一个稍微更接近现实的公式来代替它。

---

① 名义收入和消费品价格水平的分离不会给家庭行为模型的方程式带来严重的困难。实际上，这种分离仅仅是为了简化的缘故而被忽略的。

第三章　变量和方程式

下面，我们将考察模型的变量和方程式。依我看，在研究的目前阶段，正是**模型本身**应该被看作是到目前为止工作的主要结果，而以模型为基础的分析则远不宜这样看待了。首先我要证明**存在一种比较简单的公式，可以用来描述社会主义经济的增长与其自我调节的某些规则**。

附录一列出了以字母表示的变量和参数，而且以一定的序列提出了方程式(后面将作解释)。在这第三章里，我们将对变量和方程式作一概述，同时把这些变量和方程式分成几个不同于附录的范畴。序列现在已被调整得适合于经济理论的讲解和逻辑阐述。

短　缺

短缺现象在我们的系列思想中起着中心的作用。虽然模型分析宏观水平上的国民经济，为了论述短缺，我们必须从微观经济基础出发。

让我们考虑一个买者的一次单独的基本购买活动：在某一时刻，他想获得某种产品。存在如下的一种著名的关系：

$$\underset{\text{(事前的变量)}}{\text{需　求}} - \underset{\text{(事后的变量)}}{\text{实际购买}} \begin{cases} =0 & \text{购买意图完成} \\ >0 & \text{存在过剩的需求} \end{cases}$$

标准的微观经济学通常停留在这一点。然而值得问一问这个问题：如果听任初始需求得不到满足，会发生什么情况？

这个买者以各种可选择的形式进行被迫调整。他用另一种（更昂贵的或质量更差的）产品替代原来想要的产品：即他完成了被迫替代。如果所想要的产品不能立即得到，而只有通过排队才能得到，这个买者可能会加入购买的行列。他可能设法去寻找：访问各种商店，想找到所想要的物品，或者，暂停购买留待下次再进行。

在我自己的"词汇表"中，短缺是由一大批现象构成的范畴。它不仅包括购买意图与实际购买之间不同的背离（过剩需求），而且包括被迫调整的各种形式。生活在长期短缺的经济中的家庭体验过短缺的综合病症。而且，企业在获得原材料投入的过程中和在生产过程中使用原材料时也经常感受到短缺的综合病症。

"短缺"是对无数基本短缺事件的一种概括和表达。短缺的计量存在种种特殊的困难，这种计量不能通过直接的求和来完成，因为，我们显然不能把性质完全不同的事件和过程的指标加总起来。因此，如果我们想在宏观模型中表述种种短缺现象，我们必须使用某些间接的计量方法。

第一项任务是集合大量的部分短缺指标。部分短缺指标分别由 $z_1(t)$，$z_2(t)$，……，$z_n(t)$ 表示。每一部分短缺指标计量某一特殊领域（例如，住宅建设、药物生产、食品购买）中的某些确切的短缺现象的强度。一些例子如：被迫替代在总购买或总消费中所占的份额；排队的人数或排队的时间；寻找过的商场的数目或寻找的时间；被拒绝的订货单的数目；由于投入的短缺而浪费掉的生产时间等。

在本书中，就理论模型的形成而言，认为对部分短缺指标可能进行全面而系统的观测是有充分理由的，因为组织这样的观测并不存在理论或方法上的障碍。（在社会主义国家的统计实践中，人们对这些指标只是偶尔加以观测，因此，我们可以得到的长期系列寥寥无几，这是另一回事。）[①]

所有的部分短缺指标都以它们自己的单位计量，只能规定两种一般性质来限定它们。

(i) 任何部分短缺指标的数值越高，所显示的短缺强度越大；而数值越低，则显示的短缺强度越小。

(ii) 每一种部分短缺指标都是非负的。如果指示所反映的过程处在瓦尔拉状态——也就是说，当该过程不显示出任何短缺现象时，指标取零值。例如被迫替代所占份额为零；排队人数为零，由于投入短缺而造成的生产中的等待时间为零，等等。某些部分短缺指标存在自然的零点，而其他一些部分短缺指标则存在某种任意值。

让我们假定不得不给出大量的部分短缺指标；一种能适当地反映出成千上万的不同短缺现象的有代表性的样本的集合。这些有代表性的部分短缺指标的数目是 n。现在，第二项任务是从这些部分短缺指标中逐渐建立起一种综合指数。让我们用 $\bar{Z}(t)$ 表示宏观短缺强度指数。

$$\bar{Z}(t)=\phi(z_1(t),z_2(t),\cdots\cdots,z_n(t)) \tag{3.1}$$

函数 ϕ 按这样一种方式建立起来，以致有如下几种性质：

---

① 附录二的表 2.1 介绍了以匈牙利的数据为基础的部分短缺指标的两个例子：排队购买私人汽车的时间系列和被建筑业拒绝的订货单的时间系列。

(1) 函数 ϕ 对其任何自变量都是增函数,因此,如果一个部分短缺指标已经增加,而其他所有指标的数值都保持不变,则宏观水平的短缺强度也增大。

(2) 宏观指数$\bar{Z}(t)$是非负的变量,在瓦尔拉状态下,它取零值。

$$\bar{Z}(t)=0 \Leftrightarrow z_1(t)=0, z_2(t)=0, \cdots\cdots, z_n(t)=0 \qquad (3.2)$$

这样,指数$\bar{Z}(t)$可以被看作是对离开瓦尔拉状态的距离的一种潜在的计量。假如它能够满足这里不讨论的另外的一些要求。

(3) 指数$\bar{Z}(t)$的计量单位可以是任意的;即指数$\bar{Z}(t)$被限定为适合与正的常数相乘。①

(4) 指数$\bar{Z}(t)$应该反映各种部分短缺指标的长期正相关运动。因此,函数 ϕ 的选择必需指定一种能表示各种部分短缺指标$z_i(t)$正相关运动的合适的数理统计程序。

当然,在现实的经济体系中,部分短缺指标并不完全是相关的,但存在几种使部分短缺指标之间产生牢固的正相关关系的情况。

(a) 我已经提到过,就短缺来说,个别决策者可以在各种可能的行动中作出选择:他可以实行被迫替代,或延迟购买,或寻找所期望的产品,等等。然而,对某一市场或某一生产部门的决策者整体来说,可选择的各种不同的行动是以一定比例分布的。这种分布大体上是长期不变的。因此,如果短缺一般地是在加强着,那么被迫替

① 关于部分指标的规定(ii)与关于宏观指数的规定(2)——后者决定原点的轨迹——从本书的某些理论分析的观点看来是可取的。(要找例子的话可参看下面图3.6)与此相反,从本章其余部分所描述的增长模型的观点来看,原点的轨迹是不相干的。因此,指数$\bar{Z}(t)$可以由一个正的常数相乘来决定,但也可以与一个常数相加。

代、暂停购买和四处去寻找等行为都将发生得更多。

（b）当然，短缺强度在每一产品市场或每一使用领域中的增减并不是一致的。排队购买小汽车的队伍可能增长，而住宅的短缺可能减轻，或是相反。然而，在长期短缺经济中，某种均等化的趋势是存在的。短缺在不同的资源配置机制中也充当一种信号。某些领域短缺程度的加强会产生这样的结果，即资源迟早会从短缺现象并不严重的其他领域被重新导向这些领域去。

（c）不同短缺现象之间也存在因果关系。如果在生产的某一时刻，某种投入品有短缺，通常，会使生产停顿下来，而这又可能引起使用这种产品的部门产生新的短缺，等等。短缺就这样从一个领域涌入另一个领域。

由于上述原因，认为不同短缺指标之间的正相关关系值得重视的看法是有道理的。此外，在决定每一具体短缺现象的瞬间强度时，不同的特殊因素也发挥着作用。宏观指数$\bar{Z}(t)$被假定用来反映引起各种部分指标相似运动的那些共同和一般的因素，而不考虑到引起背离运动的那些特殊因素。[①]

宏观指数$\bar{Z}(t)$的量值毫无疑问受到部分指标 $z_i(t)$的种类和所

---

① 在经济中，可能发生对短缺的有意识的再分配。例如，如果经济政策使短缺重负转向投资，国内消费的短缺强度就可能减弱，否则就相反。由于一些有规则的负相关关系，使用一个以上的宏观指数可能有效些。例如$\bar{Z}^{\text{cons}}(t)$可作为宏观的消费短缺指数，$\bar{Z}^{\text{inv}}(t)$作为宏观的投资短缺指数，等等。

一个或一个以上宏观指数的问题超出了本书的研究范围，可是，在宏观计量经济分析结构中，这问题是值得澄清的。本书始终认为部分短缺指数之间的正相关关系是基本的，所以该系统中的一般短缺状况是完全可以用单个综合短缺指数来计量的。

使用的函数 ϕ 的类型(即数理统计程序的类型)的影响,然而这种任意性多半是技术性质的,并且主要反映确定合适的指标和选择统计程序的种种困难。宏观指数是被假定用来或多或少准确地反映种种客观上存在着和可以观察到的部分现象的客观上存在的联合运动的,而不是反映对短缺引起的困难或损失所作的主观价值判断的。

指数 $\bar{Z}(t)$ 是该体系的一个潜变量。[①] 这个潜变量以数量形式描述体系的一种根本和整体的性质。说它是"潜在的",因为它并不是直接可以观察到的,它的量值只能间接地靠根据对其他观察到的(明显的)指标的分析所作的推断来确定。潜变量的计量首先通过心理测验和社会成员心理研究和测定来进行。(例如,人的能力或才能就是这样一种潜变量,它不能直接计量,然而人们可以从若干实际可计量的性质或性能中得出关于其量值的结论。)这个问题已经有大量的数理统计文献进行探讨,并且,计量经济学的应用正在日益广泛起来。[②]

这里我们将话题稍微扯开一会儿,并试图阐明我们的宏观短缺指数与宏观经济学中著名的"过度总需求"范畴之间的关系。它

① 瑞典杰出的统计学家和经济学家赫尔曼·沃尔德在一次私人交谈中提请我注意这种可能性,即与潜变量有关系的统计法可能是综合计量短缺的最合适的方法。我愿借此机会感谢他通过这一建议和他的几项研究给予我的帮助。(参阅"缺少理论知识时模型的建设和估价"(油印稿)日内瓦大学,社会和经济科学院,1979)

我也同样感谢瑞典经济学家 A. 马库斯基,他也让我注意这同一方向的问题。

② 参阅 H. M. 布莱洛克编的《社会科学中的计量》,伦敦,麦克米伦出版社,1974 年版;D. J. 爱格纳和 A. S. 戈尔德贝格编的《社会经济模型中的潜在变量》,阿姆斯特丹,北荷兰出版社,1977 年版。

在匈牙利的文献中我们要提一提 Gy. 麦赞纳、J. 利勒和 M. 齐尔曼的著作。

们在内容上显然是彼此相关的，两者都试图表示宏观水平的一般短缺程度。同时，两者之间又存在重要的差别。

一个重要的差别是过度总需求只捕获短缺的一个（虽然是很重要的）方面：由于短缺而没有实现的购买意图。与此相反，指数$\bar{Z}(t)$由短缺现象的许许多多成分所构成，包括被迫调整的各种形式。

在这两个范畴之间存在着另一个重要的差别。过度总需求的定义如下：个别过度需求总量减去个别过度供给总量的差额。因此，这是在两个方向对瓦尔拉平衡的背离的净余额。与此相比较，我们的指数$\bar{Z}(t)$只反映短缺的一面，没有从中演绎出剩余。在长期短缺的经济中，（而且，至少在某种程度上，在每一经济中）短缺与闲置同时并存。求净值，即从过度需求中减去过度供给，会把经济中的某些实际问题搞混。①

在附录三中，我们提出一项小小的计算，其中，客观指数$\bar{Z}(t)$的数值是使用主要成分分析，根据匈牙利数据给 1968—1978 年测定的。我要强调，这一计算仅仅是为了说明问题而提出来的，我们并不自称，主要成分分析是运算函数 Φ 的唯一的方法，或者甚至是最好的方法。我们仅仅试图证明多变量统计分析法确能使我们测定宏观指数$\bar{Z}(t)$。

此刻，我将暂停讨论这个问题，因为我发觉有几个问题被遗留

① 显然，我们可以建立另一个宏观指数，它能与指数$\bar{Z}(t)$相似地以综合的形式反映闲置固定资本和其他资源的利用不足。这事可以在以后详尽阐述模型的更好发展形式时来做。

下来没有解决。其中某些问题属于经济计量的一般理论领域，另一些问题则具有计量经济学—统计学性质。进一步的研究工作是必要的，然而，结果可能证明上述观点——以及变量 $z_i(t)$ 与 $\bar{Z}(t)$ 的特殊性质——必须在几个方面加以修正。总之，对问题的这一领域的考虑提示我们：提出一个能综合地反映短缺强度的宏观指数是可能的。而且这足以使我们在本书中建立短缺经济的宏观动态模型方面取得进展。

宏观短缺指数作为模型的许多方程式中的解释性变量出现，它发挥两方面的作用。

在联立方程的一部分中，短缺作为一种信号出现，或者，换言之，作为一种信息变量出现。企业部门或家庭部门通过他们的决定对这种信号或信息变量作出反应。在控制领域，对短缺的直觉以这种方式发生作用。

在联立方程的另一部分中，短缺作为一种实际变量出现，影响生产和投资的效率。在该部分中，短缺直接影响实际领域。

简要地说明了宏观短缺指数作为解释性变量在不同方程式中所发挥的作用后，我们现在转到其他方面，并考虑能在我们模型内部说明变量 $\bar{Z}(t)$ 本身的运动的方程式。让我们暂时假设经济或多或少是静止的；生产量即使波动，在很长的时期中，仍具有不变的平均值。在这种情况下，解释短缺的方程式采取如下形式：

$$\begin{aligned}\bar{Z}(t)=\bar{Z}^*(t)&+\zeta_K(K(t)-K^*(t))\\&-\zeta_U(U(t)-U^*(t))\\&-\zeta_V(V(t)-V^*(t))\\&+\zeta_Z(\bar{Z}(t-1)-\bar{Z}^*(t-1))\end{aligned}\tag{3.3}$$

在方程式的右边，第一项是$\bar{Z}^*(t)$，正常的短缺强度，简称**正常短缺**。我们假设如下情况：

$$\bar{Z}^*(t)=\bar{Z}^*=C(\text{常数})。\qquad(3.4)$$

这是模型中的基本假定之一。实际上，正常短缺程度在长时期中可能发生变动：它可能增加或减少。以后我们将再回到这个问题上来。然而，此刻我们可以这样表达我们的假定：**对某一既定的经济体系来说**，在或多或少稳定的制度条件为特征的一个确定的历史时期中，正常短缺是既定的和长期不变的。[①] 为什么$\bar{Z}$恰恰正是正常短缺，为什么它不多也不少，对此进行解释不是我们的模型的任务。这只能由对该经济的历史、社会条件和制度结构所作的分析为基础的其他研究来揭示。方程式(3.3)完全被指定用来阐明t年实际短缺强度为什么背离正常短缺强度。我觉得这种方式虽然严格定界，却可能是表达该问题的一种重要而有效的方式。科学的许许多多学科——例如，生物学、医学、社会心理学、技术科学——往往以相同的形式提出它们的问题，并且得出异常有趣的答案。按照方程式(3.3)，实际短缺比正常短缺强度更大，

(a) 如果投资过程过于雄心勃勃，或者，如果国民经济承担的实际投资额[②] $K(t)$超过正常的投资承担额$K^*(t)$；

① 正常状态这一范畴在我们的一系列思想中发挥中心的作用。我们不立即提出详细的解释；相反，对它的解释将在研究过程中渐渐地展开。更详细的说明见本书第4页注①所提及的早期著作。

② 描述模型时，我们不得不以连续的方式引进变量。在前面叙述的方程式中，出现的某些变量只能以后加以解释。这就是现在所发生的情况，例如，变量$K(t)$、$U(t)$和$V(t)$就是如此。此刻，我们只能通过简短的介绍来说明它们的经济内容。

(b) 如果实际产出存货:$U(t)$,或实际投入存货:$V(t)$,分别小于正常存货 $U^*(t)$,或 $V^*(t)$,因此买者或生产者在寻找合意的物品或生产所需的投入上感受到更大的困难;

(c) 如果前一年的短缺比正常短缺强度更大,并且这种情况已使现年的短缺更加恶化,那就意味着最后一项表示一种自动回归效应:短缺的后果具有期间上的溢出。

我们不能断言,方程式包括所有可能相关的解释性变量,但方程式确实注意到了几个最重要的变量。

方程式中的几个系数表示对背离正常状态所作出反应的强度。相同的参数出现在其他许多方程式中,但我们不再作进一步的解释。(这些参数的目录可在附录一中找到。)

现在让我们回到关于经济的静态性质的暂时假定上来。当然,这一假定不能继续维持下去,因为恰恰正是经济增长才是我们考察的课题。然而,放宽这一假定会引起形式上与方法上的困难。现在让我们先假定代表生产、投资和消费的变量正逐渐在增长,而指数$\bar{Z}(t)$在围绕着自己不变的正常值波动。如果我们已经假定短缺指数与真实存量变量或真实流量变量之间的关系具有趋增的形式,那就不会引起任何困难。不幸的是,按照一般假定 7,为了数学上的便利,我们必须坚持线性形式。可是,在这样的情况下,短缺变量的量值将倾向于随着时间的流逝日益落后于真实变量的量值。为了防止造成的困难,我们将求助于一种技术"诀窍",我们将通过以 Γ_Z 表示的增长因子来扩大指数$\bar{Z}(t)$:

$$Z(t)=\Gamma_Z^t\,\bar{Z}(t),\Gamma_Z>1 \tag{3.5}$$

(上标 t,表示 Γ_Z 增加到 t 次幂)。

按照这一诀窍，我们修正关于正常短缺长期不变的最初假定。因此公式(3.4)为下面这一公式所代替[①]：

$$Z^*(t)=\Gamma_Z^t Z_0^* \tag{3.6°}$$

其中

$$Z_0^*=\bar{Z}^*=\bar{Z}^*(0) \tag{3.7}$$

最后，解释实际短缺的方程式(3.3)——运用(3.5)和(3.6°)的关系——为如下方程式所代替：

$$\begin{aligned} Z(T)=Z^*(t)&+\zeta_K(K(t)-K^*(t)) \\ &-\zeta_U(U(t)-U^*(t)) \\ &-\zeta_V(V(t)-V^*(T)) \\ &+\zeta_Z(Z(t-1)-Z^*(t-1)). \end{aligned} \tag{3.8°}$$

在接着进行的讨论中，最初的实际短缺的宏观指数$\bar{Z}(t)$和最初的正常短缺$\bar{Z}^*$不再被使用；相反，按照(3.5)和(3.6°)加以扩大的(没有线的)$Z(t)$和$Z^*(t)$将出现。然而我愿意再一次强调，这仅仅是一种为了保持线性的缘故而使用的技术诀窍而已，它本质上并不改变对这些变量的经济解释。

家庭需求和购买

家庭部门的需求决定于许多解释性因素：消费品物价、过去和现在的名义收入、家庭所积累的财富、对未来的预期等等。让我们

① 加到方程式数目上的符号°，识别了形成模型的最终联立方程的一部分的那些公式。

把所有这些因素看作是已知的和不变的，这样我们就可以把家庭需求表示为一个单独的解释性变量（即短缺）的函数。我们正在考察已知的 t 年，所以，有关时间的争论可以省略。

让我们用 H_D 表示家庭部门的**需求**，并用 H 表示**实际购买**。H 与 Z 之间的关系在图一中显示出来。

$$H = H_D \qquad \text{如果 } Z = 0 \tag{3.9}$$

这是瓦尔拉状态。在瓦尔拉状态中不存在过度需求，甚至在微观水平上，也不存在过度需求。然而，如果存在某种短缺，它就会迫使家庭实行被迫替代。在微观水平上，各种短缺现象都已为人们所经历。然而这些短缺现象——在临界短缺强度 $\tilde{Z}$ 之下——是与局势相一致的，因此，在宏观水平上总购买仍与总需求相一致。（曲线 H 是水平状态的）。家庭部门的收入，被用于与最初的打算不同的购买组合，且须容忍某些与短缺有关的不愉快现象。不过，家庭部门仍花费最初计划的数量。然而，超过临界值 $\tilde{Z}$ 之后，短缺就开始阻拦家庭购买了。[①] 宏观水平上，更高的 Z 意味着微观水平上被迫替代、延期、排队和寻找日益频繁和难于负担。曲线 H 开始向下倾斜。同时其对应部分也以**家庭由于短缺而不得不储蓄的形式出现**。这一思路导致如下的意见：**家庭购买是短缺的非增函数，而在超过临界值 $\tilde{Z}$ 后是确切的递减函数**。

按照一般假定 7，我们将在与正常短缺相应的 Z^* 值周围使函数 $H(Z)$ 线性化（见图 3.2）。于是，模型中的家庭购买方程如下：

① 一种相反的影响也值得注意，在这种影响下，短缺可能促使家庭买得更多些图 3.2 的曲线表示两种不同影响的联系结果。

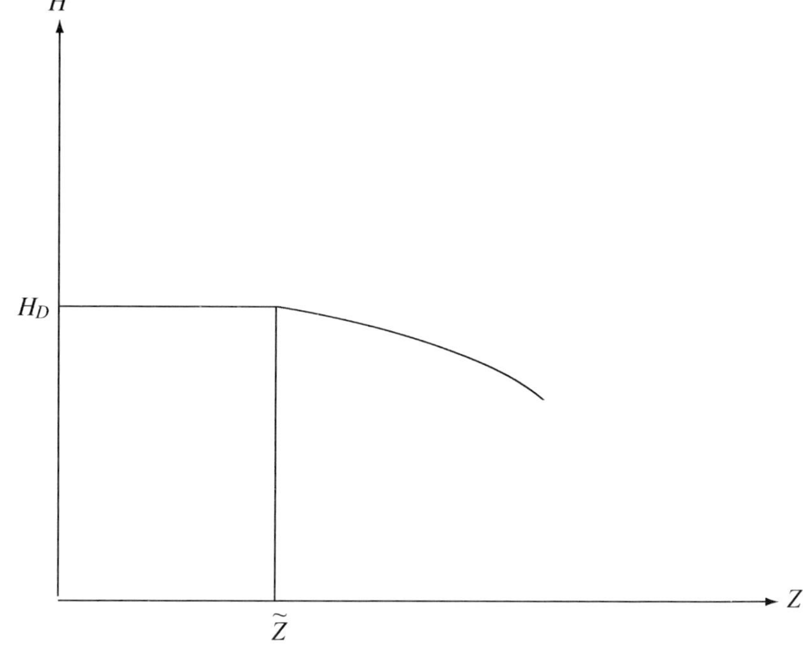

图 3.1　作为短缺函数的家庭需求与购买

$$H(t)=H_h^*(t)-x_Z(Z(t)-Z^*(t)) \qquad (3.10°)$$

在方程式中，$H_h^*(t)$是家庭购买的正常值。如以后我们将看到的那样，家庭购买正常值决定于家庭部门的收入。(3.10°)暂时仅指出如果短缺比正常情况更深刻，家庭部门就比正常情况下购买得少，反之亦然。

企业需求和购买

关于一般假定 4，我提到，企业的预算约束是软的，而且并不能约束企业的购买意图。企业的生存是得到保证的，如果持续遭

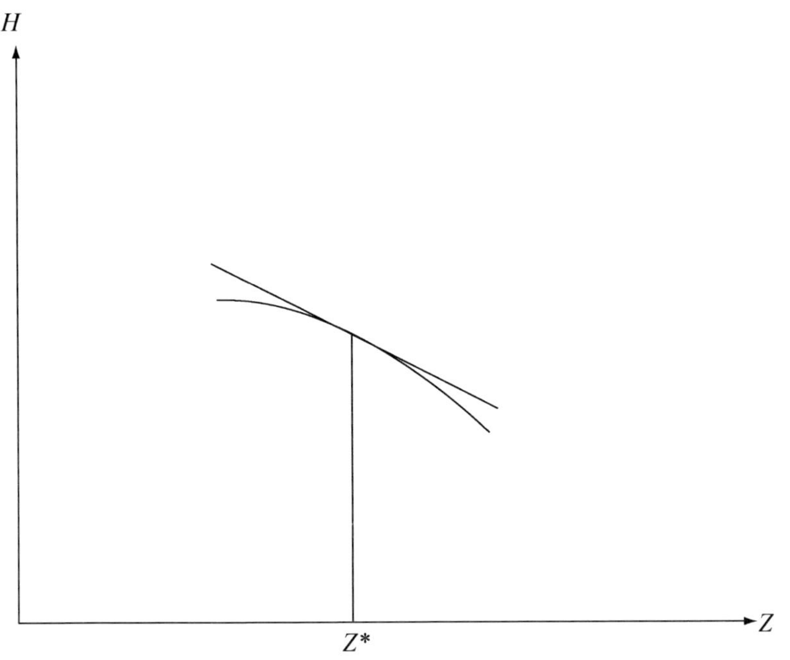

图 3.2　庭购买函数的线性化

受亏损，企业迟早会通过政府补贴、税收津贴、条件优惠的贷款或中央批准的提价等补救措施，摆脱其财务困境。企业的增长只有一小部分取决于赢利状况。结果，企业对投入的需求具有无限增长的趋势。[①] 当短缺造成的供给不可靠驱使企业窖藏投入存货时，尤其如此。

然而，企业的需求不是无限的，它受仓库容量的限制。除此之外，上级领导、银行系统和社会经济舆论——谴责窖藏行为——也对企业施加压力使它实行自我限制。由此而产生的情况可以用如

① 当然，企业部门内并不是每一分支或每一个企业的预算约束都是同样软的。可是，既然有大量的企业其预算约束确实是软的，企业部门的总需求就完全可能失去控制。

下措辞加以描述：**企业对现期生产投入的需求几乎是贪得无厌的**。

企业的购买 $Y(t)$ 是短缺的函数，该函数由图 3.3 表示。同前面一样，由于我们正讨论给定的 t 年，我们可以从变量中省略自变量 t。

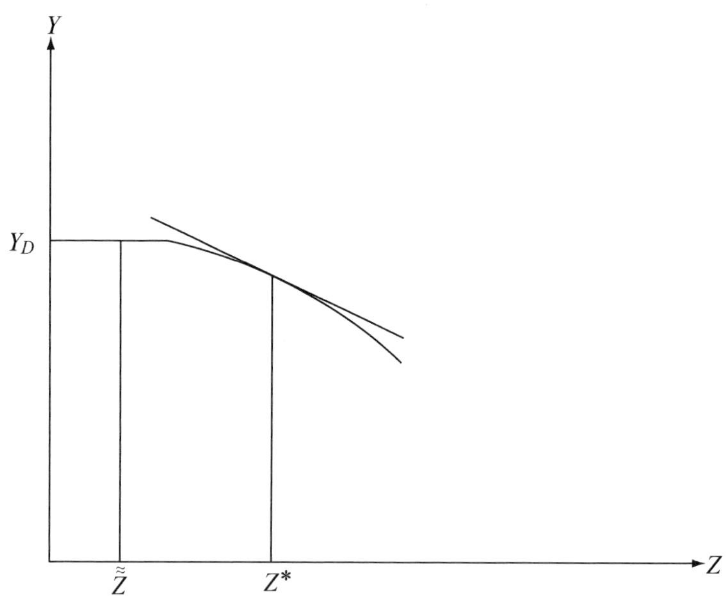

图 3.3　作为短缺函数的企业需求和购买

如果正常短缺 Z^* 是正的，但经济发现自身——由于某种奇迹——在考察的这一年中处在完全摆脱短缺的状况之中，那么，企业部门可以满足它的需求：$Y=Y_D$。企业部门将把仓库全部塞满，并且窖藏存货到上级领导和社会舆论所能容忍的限度。

当然，这在图中仅仅是抽象的一点。在长期短缺经济中，始终存在短缺。对低于临界值[①]$\tilde{\tilde{Z}}$的较小的正值 Z，函数 $Y(Z)$ 仍不减

① 企业部门的临界值$\tilde{\tilde{Z}}$并不必然与家庭部门的临界值$\tilde{Z}$相一致。

少。甚至在实行被迫替代后，企业购买仍扩大到窖藏的可容忍限度。然而超过临界值$\tilde{\tilde{\tilde{Z}}}$后——如果最初的购买量保持不变——一定数量的被迫替代将不得不实行。尽管存在强烈的窖藏倾向，但那是不值得努力的。太多的被迫替代、排队和寻找驱使企业削减其购买。

因此，归根到底，我们可以说，企业购买是短缺的非增（而在高于临界值$\tilde{\tilde{\tilde{Z}}}$后肯定是递减）函数。

按照一般假设 7，我们把与正常短缺相应的 Z^* 值周围的 $Y(Z)$ 函数线性化（见图 3.3）。

从理论的观点来看，该函数的性质非常类似于标准微观经济学中讨论的人们所熟悉的需求函数的种种性质。我们有向下倾斜的购买函数 H 和 Y，然而，H 和 Y 不是购买价格的函数，而是一个非价格变量即短缺的函数。短缺引起的损失——质量上的让步、排队时间、等待、寻找、获得物品必须花费的精力——是买者不得不支付的“价格”。短缺越强烈，这种“价格”越高，因此买者越会克制自己最初的购买意图。

企业的购买在模型中由以下方程式叙述：

$$Y(t)=Y^*(t)-\eta_V(V(t)-V^*(t)) \\ -\eta_Z(Z(t)-Z^*(t)) \qquad (3.11^\circ)$$

其中，

$$Y^*(t)=\Gamma_Y Y(t-1),\Gamma_Y>1。\qquad (3.12^\circ)$$

变量 $Y^*(t)$ 是企业购买的正常值。增长因子 Γ_Y 表示企业购买的日常增长。作为两种不同影响的结果，实际购买可能背离它们的正常值：

(*a*) 存货信号。如果投入存货已经积累得比正常情况下还多，就值得比通常少购买一些。以后，我们将了解正常投入存货取决于生产量。因此，最终说来，企业购买取决于生产。然而，这在我们的存量——流量模型中是用迂回的方式表达的。

(*b*) 一般短缺信号。如果短缺强度超过正常状态，因而供给的构成比通常更不如人意，就值得买得比正常量少一些。

生　产

让我们用 $X(t)$ 表示生产。总产出不仅是为了满足最终消费，而且也是为了满足生产所需要的现期投入而生产的。其控制方程式如下：

$$X(t)=X^*(t)-\xi_U(U(t)-U^*(t))+\xi_Z(Z(t)-Z^*(t)) \qquad (3.13^\circ)$$

其中 $X^*(t)$ 是正常生产：

$$X^*(t)=p(t)N(t)。 \qquad (3.14^\circ)$$

在前面，术语 $p(t)$ 表示标准生产率，而 $N(t)$ 是就业。两者以后将加以解释。

实际生产可能会背离其正常值，如何背离取决于两种信号的影响：

(*a*) 存货信号。如果产出存货降低到其正常水平之下，人们将不得不比通常生产得更多些。

(*b*) 一般短缺信号。短缺的加强促使企业部门生产得更多些。

实际上，两种解释因素表达了短缺的“吸入”效应。不耐烦的买者迫使生产者供给得尽可能多，尽可能快。短缺以这种方式导致争取数量：加班加点的工作、更多的夜班和周末班，以及其他突击抢工的形式。

短缺引出额外产量方面的“吸入”效应直接被企业经理和雇员们所感觉，因为他们经常同强烈要求供给得更多并抱怨被迫替代的买者相接触。所有这类情况也影响上级领导，他们使用指令和奖罚制度促使企业生产更多数量的产品。方程式（3.13°）和其他描述企业部门行为的方程式表示了集中和分散的影响的联合结果。

因此，在这一关系中，生产是**短缺的递增函数**。短缺“在这一关系中”，应引起注意。这里，短缺扮演着“信号”的角色，即作为信息和刺激。以后，将讨论另一种关系。在那种关系中，短缺影响**实际**效率。那种关系显示出相反的征兆，在那种关系中，短缺发挥其减少产出的影响。

此刻，我们将离开叙述增长模型方程式这个主题，以便作一两个理论评论。

让我们引进如下暂时的记号：$\bar{Y}(t)$是总消费，因此，$\bar{Y}(t)=H(t)+Y(t)$。在图 4 中，购买函数$\bar{Y}(Z)$和生产函数 $X(Z)$一起表示出来（自变量 t 可以省略）。为明晰起见，假定所有其他条件均不变。

图 3.4 的形状是大家熟悉的，它使我们记起通常的马歇尔交叉。所不同的是横轴表示的不是价格，而是宏观短缺指数。① 这

---

① 我愉快地发现了没有价格信号发生作用的短缺经济市场的马歇尔交叉。这使我保留作为“埃康”族成员的身份更容易了，如莱荣霍夫德在其人种论的文章中非常巧妙地论证的那样，“埃康”族的神圣标志就是这一交叉。（见 A. 莱荣霍夫德：“埃康族中的生活”《西方经济杂志》1973 年，第 11 期，PP. 327—337）。确实，“埃康”族的不同成员把不同的神话依附于这个标志上，例如：“宏观”和“微观”等级就彼此不同。因此，一个新的等级站出来用新的神话来解释我们共同的标志是可能的。

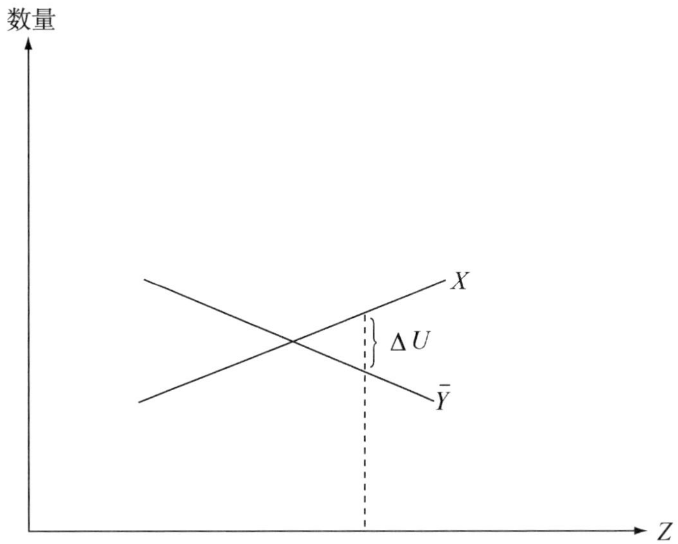

图 3.4　短缺经济的马歇尔交叉

是一种对生产提供正刺激并对购买提供负刺激的非价格信号。更精确地说，在我们的宏观模型的结构中，指数 Z 表示成千上万个短缺现象。这些短缺现象按上面说明的方向影响决策者的行为。

此刻，我愿同我的前辈马林沃德——他曾于 1977 年进行詹森讲学①——开始辩论。他的研究如他所有的著作那样，含有许多有趣的和重要的思想，他以他特有的清晰而精确的方式，系统地阐述了这些思想。我们对经济体系的非瓦尔拉状态具有共同的兴趣。然而，在少数几个问题上我的观点不同于他的，也不同于他所提到的那个与巴罗、格罗斯曼、贝乃西和其他一些人的名字联系在一起的那个受到广泛阐述的学派。

---

① E. 马林沃德：《失业理论的再考虑》牛津，巴塞尔，布莱克维尔出版社，1977 年版。

马林沃德和他所代表的学派的其他许多作者一起，应用所谓“短边规则”建立他们的模型。按照这一规则，实际购买和实际销售等于需求和供给中小的一边。根据这些作者的观点，这一原理不仅在微观水平，而且在宏观水平都适用。

以我之见，“短边规则”甚至在微观水平上也不能完全有效。被迫替代恰恰意味着买者被迫购买比他原来所要求的更多的替代品。作为我们应用这一规则的对象的总体越大，对实际情况的描述的歪曲就越厉害。

让我们保留长期短缺经济的假定。我将回忆购买曲线是向下倾斜的。如果实际短缺没有远远超出其正常值，购买量也将不超过足以完全吸收整个经济的产出存货的那个数量。产出存货是国民经济中闲置的重要组成部分之一。在长期短缺经济中，短缺和闲置是同时出现的；这些现象不仅是同时出现的，而且两者之间还存在着因果关系。短缺促使人们窖藏投入存货。正是短缺引起的不幸调整导致了甚至作为被迫替代品买者也不愿接受的物品的生产。在一定的资源情况下，短缺造成瓶颈。这种瓶颈——由于短期内在生产中顽强地表现自己的刚性的互补性——不可避免地会带来其他资源的利用不足。

作为这些因素的结果，断言由于短边规则，实际购买和实际销售始终和长期短缺经济的供给相一致是错误的。在宏观水平上，过度需求与过度供给同时存在。正常短缺Z^*与正常闲置U^*、V^*平行地发生作用。（更完全的模型还要考虑正常闲置的其他组成因素）体系的实际状况始终围绕这些正常水平波动。

我愿用一个例子来说明这些关于理论和方法的言论。在鲍尔茨和温特关于东欧社会主义国家的卓越研究中，他们使用了巴罗、格罗斯曼、贝乃西和马林沃德的方法，即他们认为短边规则甚至在宏观水平也是有效的。[①] 我将引用他们的重要的研究结果之一：

> 捷克斯洛伐克有 9 个过度需求年(样本的 43%)，德意志民主共和国有 13 个过度需求年(样本的 76%)，匈牙利有 6 个过度需求年(样本的 32%)，波兰有 5 个过度需求年(样本的 23%)。在此基础上，这四个国家中的三个国家，过度供给是由系统安排的，占优势的生活方式。

在我看来，结论是荒谬的。四个国家在所考察的整个时期中全都应该被看作是长期短缺经济。四国中没有一个国家转而进入能够以“过度供给”作为特征的状态。对它们每一个国家都可作出的唯一判断是，与它们自己的正常短缺相比较，实际短缺有时强些，有时弱些。每一国家的变量 $Zj(t)$ 围绕该国的 $Zj^{*}(t)$ 波动。(下标 j 这里指国家。)

比较鲍尔茨和温特使用的匈牙利的数据和附录三中给出的我们自己的宏观短缺指数的时间系列，看来两种计算的结果——关于向上或向下运动的方向——并不背离得太远。问题是在系统阐述他们的结论时，他们在使用的理论和概念体系上混乱起来。那就是他们如此描述情况的原因，仿佛这些国家在所研

① R. 鲍尔茨和 D. 温特：“对集中计划经济的消费品市场的非均衡评价”，见《经济研究评论》，1980 年，第 47 期，第 137—159 页。

究的时期中，质的跳跃已发生过多次，即从一种由系统决定的生活方式跳跃到另一种由系统决定的生活方式。可是实际上，只发生过数量的变化，而在整个时期中，整个经济都停留在同一生活方式之中。

这两种不同的方法也可以用图表来说明。马林沃德的论文和鲍尔茨与温特的文章中提出的方法由图 3.5 表示。图上，我们只看到一个宏观变量：过度总需求。两种“生活方式”之间的跳跃指整个体系有时在轴的正的部分，有时在同一轴的负的部分。也就是说，时而在瓦尔拉均衡点的右边，时而在瓦尔拉均衡点的左边。

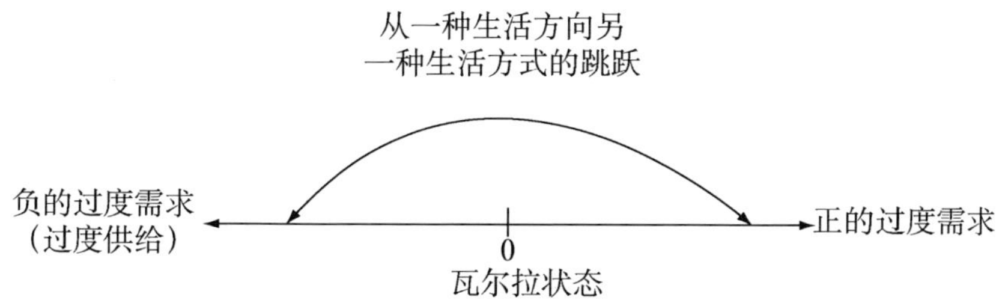

图 3.5　一个宏观变量：过度总需求

图3.6说明本模型的方法（和我的以往著作的方法）。图上，

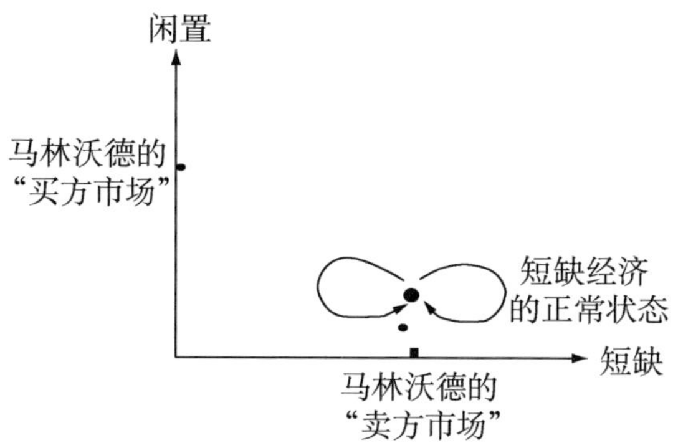

图 3.6　两个宏观变量：短缺与闲置

我们看到两个宏观变量：短缺（模型中的 Z）和闲置。[1] 长期短缺经济的正常状态是与相当强的短缺强度相应的正象限上的一个确定点。在这个图上，坐标体系的原点代表完全调整的瓦尔拉点。体系的实际状态始终是远离这一点的。

这使我们看到两种方法之间的一个重要区别。图 3.5 包含一个极其严格的假定：即使调整是不完全的——因为不论买者或是卖者都得不到满足——然而它至少是半完全的。“短的一边”完全实现其意图：在过度需求情况下，卖者售出其愿售的一切；而在过度供给的情况下，买者买到其想买的一切。使用巴罗、格罗斯曼和马林沃德的话来说：发生了一种有效的“配给”过程。马林沃德的“卖方市场”和“买方市场”的位置相应地在图 3.6 中表示出来。

与此相反，图 3.6 中正常状态的定义并不包含这样一种离现实甚远的严格的假定。相反，它认识到这一事实，即实际调整是不完全的，甚至以这样一边的方式来看也是不完全的。在微观水平上，常常发生的情况是，不论卖者集体还是买者集体都不能完全实现它们的意图。用与上面同样的术语：“配给”不是完金有效的。正常状态背离原点的距离（由一合适的向量距离的计量单位来表示）指出，这一分配效率低下的程度，即体系调整的磨擦程度。

投　资

我们现在已经涉及模型的“核心”：对投资的讨论。说所有忽

---

① 闲置的综合计量见本书 18 页注①。

视对投资作真诚的研究的宏观理论有效地抛弃了这个最主要的问题，也许不算夸大。

投资是一个动态过程。一个项目的完成要持续好几年，因此，一项微观水平的投资决定承担着长期的责任。这就是我们所以要——甚至以增加模型结构的复杂程度为代价——设法阐述成为投资过程以及相关的生产过程的特征的迟延的原因。众所周知，投资项目完工期的延长是相当经常的，所以研究迟延问题对考察东欧社会主义国家的增长问题特别重要。[①]

我们的模型不包含总资本。一方面，我们把固定资产和流动资产区分开来，并且像前面已说明白的那样，又把流动资产区分为投入存货和产出存货。关于固定资本，我们用著名的"同年存在"模型来表述。我们不把不同的同年存在时期的固定资本加总起来，但分别对待每一个同年存在时期。[②]

我们假定投资只在国营部门或合作企业部门进行，并且投资完全是为了生产的目的。所有来自其他来源或为了其他目的的投资都略而不计。

---

① 附录二的表 2.2 把匈牙利和日本的数据做了比较，证实匈牙利的建设时期是日本建设时期的某个倍数。这是长期短缺（供给的经常延期，建筑材料，劳动力等的短缺）的结果。

② 在建立投资模型上，我受到几个思想渊源的影响：以 J. R. 希克斯恢复的形式表示的奥地利资本理论，R. F. 哈罗德和雷夫·约翰逊的著作，R. M. 索罗、T. W. 斯旺、N. 卡尔多和 J. A. 米尔里斯的同年存在时期模型，莱格纳·弗里希的奥斯陆模型，以及琼·罗宾逊对新古典派总资本概念的批评——这仅仅是提一提最重要的一些思想渊源。在匈牙利，M. 奥古茨提诺维克斯和 T. 福尔已经论述过建立投资迟延结构模型的问题。在系统阐述那些描述现实投资过程的变量和方程式时，我试图把以上作者的某些观点结合起来。

与投资的同年存在时期相联系的概念和关系在图 3.7 中加以说明。t 年开始的全部投资项目称为第 t 年的**同年存在投资**，各种项目并不全是一起完成的；所费时间最长的项目的完工期表明了整个同年存在投资的**孕育期**。假定每一同年存在投资的孕育期是同一的，我们用 G 来表示。在图 3.7 中，孕育期是六年。在我们的模型中，孕育期 G 是一个外生的参数。

我们假定，以新创造的固定资产进行的生产在孕育期期终开始。即如图 3.7 表示的那样，第 t 年的同年存在投资从第 $(t+G)$ 年开始在生产中起作用。

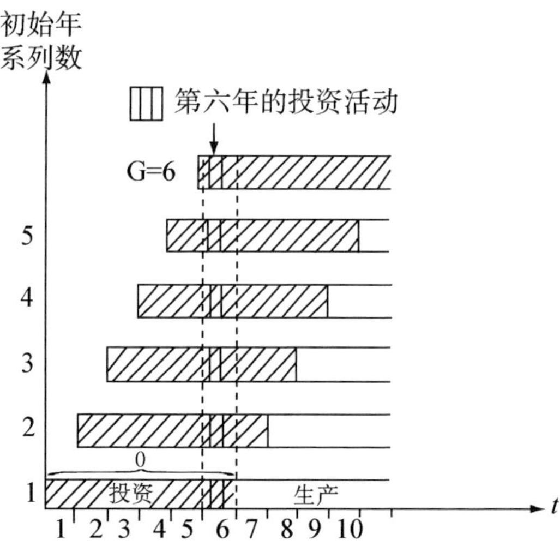

图 3.7 同年存在时期的方法与孕育期

第 t 年同年存在投资量由 $M(t)$ 表示。变量 $M(t)$ 象征着作为 t 年开始的项目的结果而投入生产的机器和建筑物。这一数量可以用几种方法加以计量。为了理论分析的目的，下面的解释将是合适的：$M(t)$ 是根据工程师的计算对完成给定的同年存在投资所必需的支出的事前估计。以后,我们将发现实际投资投入会与此不同。

现在,让我们考虑单独一个同年存在投资。每一项目的支出有其自己的特殊的动态;一个项目延续较长时间,另一个项目延续较短时期;一个项目在开始时有许多支出;另一项目则在孕育期的中期有较多支出;等等。把长度为 G 的时期中的每一年的所有支出加总起来,我们得到同年存在投资所有项目全体的支出形式。这在图 3.8 中说明。该图以反映匈牙利经验的数值估计为基础。我们以 $\beta_M(\theta)$表示 θ 年的同年存在投资的支出份额。支出从第 1 年开始。显然,

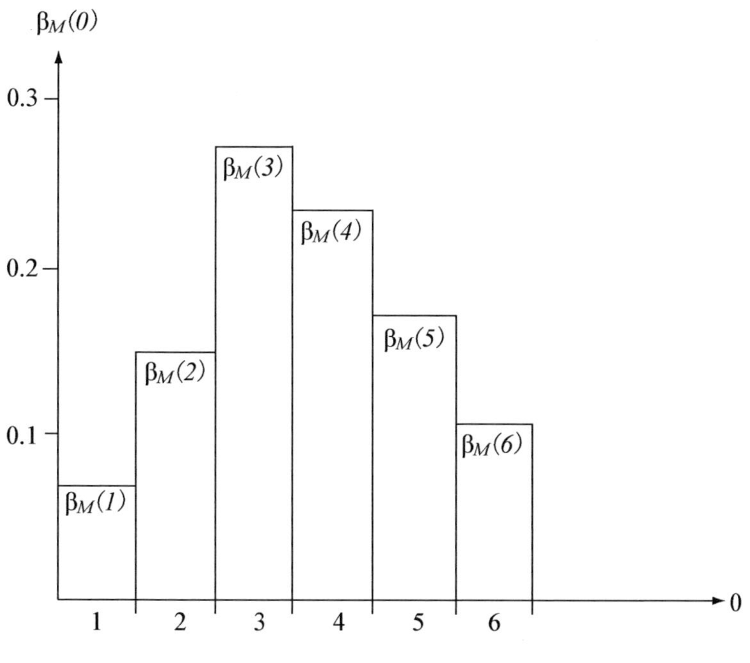

图 3.8　支出份额

$$\sum_{\theta=1}^{G}\beta_M(\theta)=1$$

我们再引进一个很强的假定：系列 $\beta_M(1)$，……，$\beta_M(G)$ 被看作是每一同年存在投资都等同的外生参数，并且长期不变。因此，t 年的投资费用是

$$\widetilde{\mathrm{B}}(t)=\sum_{0}^{G-1}\beta_M(\theta+1)M(t-\theta)。$$

t 年的同年存在投资除了上面提到的数量变量 $M(t)$ 外还由另外两个变量描述。一个是 $J(t)$，同年存在投资创造的工作职位数，另一个是 $q(t)$，同年存在投资的生产率。后者是由 t 年同年存在投资创造的工作职位的劳动生产率。恰如 $M(t)$ 一样，$J(t)$ 和 $q(t)$ 也是根据工程师的计算作出的事前估计。实际就业和生产率，像我们在后面将看到的那样，可能会与这两个事前估计不同。

我们假设不存在得不到体现的技术进步。此刻没有必要询问这是不是真的。把不体现在固定资本内的某种形式的技术进步也收编进来以进一步发展模型，看来并不太困难。然而，现在是建立模型的第一步，在这时候把模型的结构搞得更复杂是不必要的。因此，技术发展以尽可能简单的术语化为公式。

$$J(t)=\chi\Phi^t M(t),\quad 0<\Phi<1, \tag{3.15°}$$

其中，χ 是最初的职位创造系数，Φ 是职位创造的增长因子。该公式表达一种著名的趋势，作为技术进步的结果，每单位投资投入所创造的工作职位数随一期期同年存在投资的投入而下降。

$$q(t)=\lambda\Psi^t,\Psi>1 \tag{3.16°}$$

其中，λ 是最初同年存在投资的劳动生产率系数，Ψ 是同年存在投资的劳动生产率的增长因子。这个公式也表达一种人们熟悉的趋

势:作为技术进步的结果,用最新机器进行工作的劳动生产率随着一期期同年存在投资的投入而增长。

技术进步已经在使用最简单的指数形式(这种指数形式意味着技术以不变的速度进展)的两个方程式中加以说明。当然,引进表达式(3. 15°)和(3. 16°)并不意味着在模型中实际的工作职位——投资比例或实际的劳动生产率年复一年地以不变速度变化。实际比例将取决于许多因素,包括不同的同年存在投资的数量。两个公式只表明相继的同年投资所引进的技术中潜在的就业和生产率的可能的指数变化。

实际上,技术参数 χ、Φ、λ 和 Ψ 并不是彼此独立的。它们的相互关系将在生产和增长理论中详细加以论述。可是我们这里不论述这些相互关系。我们希望借助我们的模型,把注意力主要集中在投资量的发展上。因此,我们建立的模型其中对投资量的控制是内生地发生的。另一方面,我们忍耐着不去建立内生地表达技术选择的模型。(在目前的数学公式中,如果要加以研究,就只能困难地去研究。)因此,反映技术进步的参数被看作是外生的。我们所能做的至多——我们确实将去做的——是进行比较的计算,假定参数 χ、Φ、λ 和 Ψ 的不同组合,以此模拟技术进步的可供选择的各种途径。

在本节的前面部分,我们概述了怎样形成现实投资过程的模型问题。现在我们将继续叙述现实投资过程的控制。[①]首先,让我

① 关于社会主义经济中的投资过程的控制,T. 鲍尔已经写了一本范围很广的重要著作,即将出版。手稿由匈牙利科学院经济学院油印,其标题为(接下页注)

们定义代表所承担的投资义务的变量 $K(t)$。

$$K(t)=\sum_{\theta=1}^{G-1}\sum_{\tau=\theta+1}^{G}\beta_M(\tau)M(t-\theta), \tag{3.17°}$$

我们给出图 3.9，而不作文字上的解释。图 3.9 清晰地说明了我们称之为 t 年所承担的投资义务是什么。现在我们可以写下管理投资过程的控制方程式：

$$\begin{aligned}M(t)=M^*(t)&+\mu_H(H(t-1)-H^*_{\text{plan}}(t-1))\\&-\mu_K(K(t)-K^*(t))\\&-\mu_Z(Z(t)-Z^*(t))\end{aligned} \tag{3.18°}$$

首先，我们将评论方程式的左边：被控制变量的详细说明。实际投资过程模型指出 t 年中多少投资支出是适当的。（这在图 3.7 中的第 6 年得到强调：投资支出是第 6 年上加双重条纹的一列）然而我们认为，这不是最主要的控制变量。一个项目一旦上马，通常最后不会停下，尤其在社会主义经济中更是如此。因此决定性的问题涉及多少项目，多大的项目在动工。这在模型中由 $M(t)$ 这种总量形式来表示。确实，进行中的项目的完成或所承担的投资义务的完成在它们的进展过程中可以加速，也可以减慢。然而，如果要简化模型的结构，我们将不得不忽略这种控制的可能性。另一方面，我们不想忽略迟延的效应，即 t 年发生的

（接上页注）《直接计划经济中的投资量》。书中有些陈述是以前发表的文章《计划经济中的投资周期》中说过的。《经济学学报》，1978 年，第 21 期，第 243—260 页。

关于这一课题的其他几部重要著作已在匈牙利出版，例如：A. K. 苏斯："投资波动的原因"见《东欧经济学》14(2)1975—1976 年，第 25—36 页和 M. 拉可《积累和减轻紧张》《经济学学报》，24，1980 年。No. 3—4。

在建成我的投资模型时，我已经使用了鲍尔、苏斯和拉可的某些思想。

总投资支出实质上在$(t-1),(t-2),\cdots\cdots,(t-G+1)$几年中决定的，在这几年中，尚未完成的同年存在投资量已初步被决定。投资决策者在很大程度上为其早先的决定所约束。这是被那些只包含通常的宏观变量 $I(t)$ 的模型所忽略的极为重要的现象。宏观变量 $I(t)$ 是 t 年生产中花费在该年的投资投入上的数量。

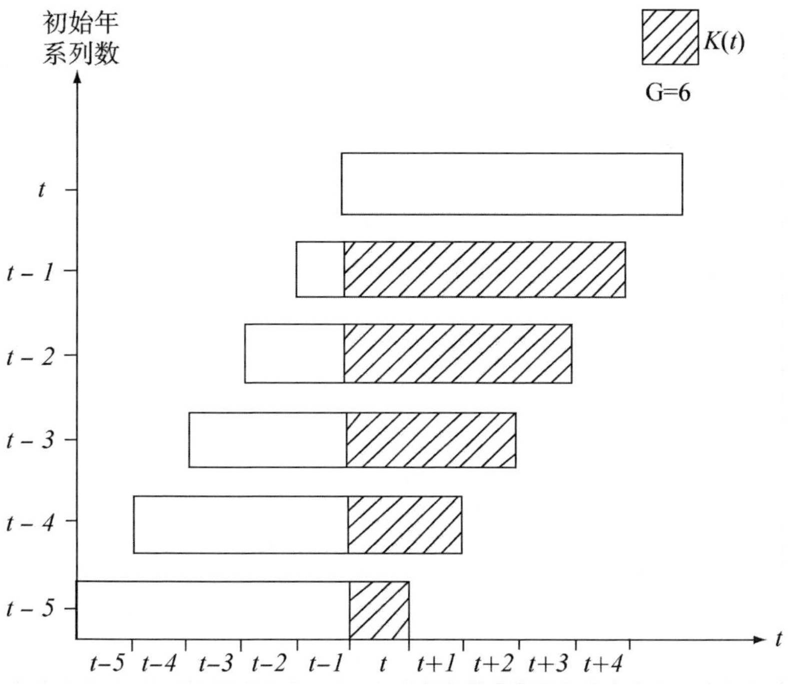

图 3.9　所承担的投资义务

现在让我们继续讨论公式的右边，先讨论第一项，$M^*(t)$。它是同年投资的正常量。

$$M^*(t)=\Gamma_M M^*(t-1)=\Gamma_M^t M_0,\Gamma_M>1 \qquad (3.19°)$$

其中，M_0 是同年存在投资的正常值的 0 年初始值，Γ_m 是相应的增长因子。

公式(3.19°)——在我们模型的形式结构中——反映社会主义经济的一个重要规则。就长期平均而言，经济管理机构把不变比率的增长看作是正常的。由于在我们的模型中，投资过程的控制变量是 $M(t)$，这一“正常状态假定”在同年存在投资量的正常轨道 $M^*(t)$ 的指数性质中得到显示。

三种反馈在发生作用。[①] 我们断定，现实中的各种反馈的迟延结构不是像公式(3.18°)表示的那样简单的，因为实际上分布了的迟延总要表现自己。然而，上面给出的简单结构对于目前的理论分析似乎足够了，因为它使我们关于“信号反应”的相互关系的因果方向的主要观点变得清晰起来。

为了解释第一种反馈，我们必须定义变量 $H^*_{\text{plan}}(t)$，消费正常值。

$$H^*_{\text{plan}}(t)=\Gamma_H H(t-1),\Gamma_H>1, \qquad (3.20°)$$

其中，Γ_H 为正常消费的增长因子。注意这一事实：在我们的模型中，家庭购买(即消费，因为我们把消费看作是等同购买的)采取两种不同的正常值。第一种正常值 $H^*_h(t)$ 是从家庭的实际收入和储蓄中演绎出来的，(这已经提到过，后面我们还要更详细地谈到

① 目前对投资的反馈控制的叙述与奥·克因、W. 斯克莱特尔和 J. 斯拉玛的模型相似。(参阅：“集中计划经济的增长周期：一个经验的考察”见 O. 克因和 W. 斯莱特尔(编著)：《论当代经济制度的稳定》，Vandenhoeck－Ruprecht，格丁根，1979 年)在他们的模型中，投资决定也对正常轨道的背离作出反应。他们也使用捷克斯洛伐克的数据从计量经济学的角度支持他们的命题。

由于所提及的这一研究没有参考本书作者及其同事以前的著作，他们好像作出了许多方面与我们相似、但独立于我们的探讨。

它)第二个正常值可以在前面的公式中看到。它是体现经济政策和计划的正常值的 $H^{*}_{plan}(t)$。前者在下面的家庭领域决定,而后者在上面的经济管理领域,即在中央计划人员中间决定。我们现在讨论后者。

在系统阐述经济政策时,必须考虑到全体居民往往期望其消费在目前和未来都能按通常的比率增长。因此,公式(3.18°)中的第一个反馈反映中央经济政策制定者和计划者的行为。如果消费的增长低于其通常的速度,投资规模将被降低,以便留下更多的国民收入用于消费。另一方面,如果全体居民“生活得太好”,或消费的增长不寻常地加速了,那就可以开始进行更大量的投资,因为把用在家庭消费上的一些资源转移到其他用途上被认为是正当的。

我们可以从经验上证实这种反馈的存在,虽然这种反馈不必以模型中出现的很简单的形式存在。T. 鲍尔在上面提到的他的关于社会主义国家的投资的著作中,把这种反应称为“与消费对称的循环”。为了加以说明,我们从他的一本著作[①]中摘录了图3.10。

第二种反馈同样影响上层、中层和低层的决策者。它涉及所承担的投资义务的正常值:

$$K^{*}(t)=\Gamma_K K(t-1),\Gamma_K>1, \quad (3.21°)$$

① 这种观点已为几位作者对其他社会主义国家的研究所证实。例如,见 B. 米茨克维斯基的“消费变化与波兰政治之间的关系”《苏联研究》1978 年第 30 期,第 262—269 页和 V. 邦斯“政治消费循环:一个比较分析”《苏联研究》1980 年第 32 期,第 280—290 页。

其中，Γ_K 是所承担的正常的投资义务的增长因子。如果经济管理者感到他们过去承担的投资义务已经过重，他们现在就会阻止新投资的发动。

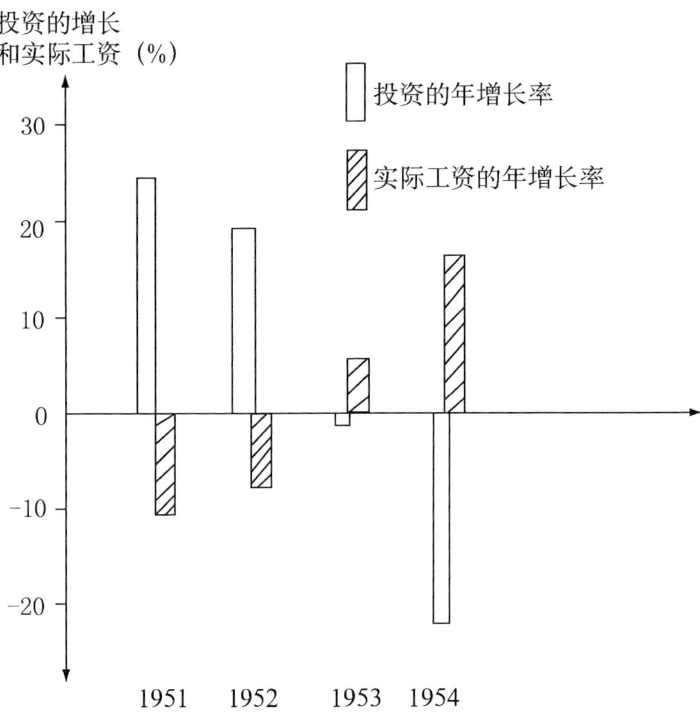

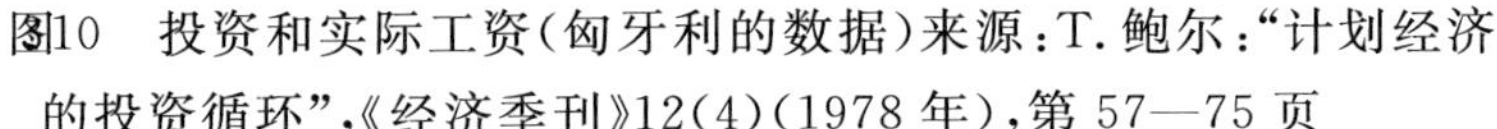
图10　投资和实际工资（匈牙利的数据）来源：T. 鲍尔："计划经济的投资循环"，《经济季刊》12(4)(1978年)，第57—75页

第三种反馈以短缺信号为依据。如果 $Z(t)>Z^*(t)$，这当然可在投资领域中注意到：准备安装的机器的供给遭受更长更频繁的延迟，原材料或劳动的短缺使建筑的开工和机器的安装日益困难。除此而外，当一个投资项目完成时，使新的设备能力投入生产方面会遇到比通常更多的障碍。由于短缺所引起的突击的工作，

新工厂开工时暂时的困难可能被延长，等等。[①] 更强烈的短缺反映这一事实，即该体系越来越频繁地遇到其自身的资源限制，并遭到越来越大的损失。因此，超过正常状态的短缺强度会促使决策者限制新投资的发动。相反，如果短缺所引起的困难，包括建筑业和机器工业积压而未交付的订货已经减少，同时关于利用不足的怨言也开始吐露出来，那就会促使扩大投资活动。[②]

总结：我们已经叙述了三种不同的非价格信号。由于这三种非价格信号的影响，决策者会使$M(t)$背离其正常值$M^{*}(t)$，从而使整个体系回到消费、投资和短缺的正常轨道上去。

我们的模型揭示了东欧社会主义经济所特有的一种重要现象，我们称之为扩张竞赛与其伴随物投资饥饿。如果我们同资本主义经济作一比较，就会比较容易理解一些。

在资本主义制度中，投资意图往往由于厂商对风险的担心而受到限制。如果某种投资所创造的追加的生产能力太多地超过了需求的增长，投资会失败，厂商会破产。决策者很大程度上受到对

---

① 关于第二、第三种反馈，涉及布兰可·豪瓦特在其有价值的研究中讨论过的某些现象（“最优投资率”，《经济学杂志》1958 年第 68 期，第 747－67 页；和“计划经济的积累规则”Kyklos 1968 年第 21 期，第 239—268 页）。豪瓦特讨论了体系的投资吸收能力的障碍。体系不能有效地消化过分雄心勃勃的投资项目，或它所创造的新生产能力。

② 前面提到的鲍尔、苏斯和拉可的著作支持关于第二和第三种反馈的假设。拉可分辨出两种“紧张”：承担的投资义务所引起的内部紧张和对外贸易逆差所引起的外部紧张。值得把后者包括在控制方程式（3.17°）之中，如果我们把对外贸易引入增长模型的话。

未来销售可能和未来赢利能力的预期的影响。[①] 这些预期还是"自我实现"的预期。由于害怕风险，投资是谨慎的，正如随之而来的生产的扩张一样，而且生产的扩张要求需求有一个温和的增长速度。然而，真是由于销售的不确定，这也使未来的盈利能力更不确定。最终结果是，投资意图，即对投资资源的需求，自愿地受决策者的约束。

在东欧社会主义经济中，对投资的态度是极其不同的。决策者对其投资的财务风险并不担心。至于销售，长期短缺经济保证每种(或几乎每种)产品迟早都可以出售。因此，这里我们也能看到一种"自我满足"的预期形式，它以更乐观的更快的增长速度为基础：由于投资的扩张是快的，生产和需求的增长也相应地迅速。并且，就资金而言，如果由于某种原因(例如，连续的投资或营业费用或售价比预期售价为低)，作为投资项目的结果，企业遭受了财务亏损，国家会帮助企业摆脱困境。正是由于没有真正的风险，所以企业、非营利机构、低层和中层的管理人员以及部门领导人对投资资源的需求都没有自己施加的限制。所以我们说，对投资品的需求几乎是永远不能满足的。

凯恩斯正确地谈到了企业家的生气勃勃的精神，这种精神如果衰退的话，将使投资的进取心逐渐消失。从这个观点看来，把几个欧洲社会主义国家和资本主义国家的投资数据作一统计学的比较，将是有用的。我们选了这样一些资本主义国家如奥地利、丹

① 例如，可参看R.爱斯耐尔：《商业投资要素》，巴林格出版社，坎布里奇，麻省，1978年。

麦、芬兰、希腊、爱尔兰、意大利和西班牙。这些国家的发展水平可同选为样本的那些社会主义国家(保加利亚、波兰、匈牙利和德意志民主共和国)的发展水平相比较。“石油冲击”前后的五年将加以比较(见附录二,表2.3)。差异是相当惹人注目的:在1973年到1977年这段时期,这些社会主义国家的投资增长没有显出重要的变化,而上面列举的多数资本主义国家的投资增长率却显出重大的下降。资本主义企业家的投资精神由于黯淡的经济前景而受到了挫折,这种黯淡的经济前景当然加强了生产的减缓和下降,从而缓和了需求的增长速度;后者又削弱了投资精神,等等。另一方面,社会主义国家的企业家们即那些使用国家的补贴和信贷的投资发动者的“充满活力的投资本能”却一点也没有衰减。例如,能源价格的提高,或向资本主义国家出口的日益困难,可能不利地影响未来的投资效率,但并不能丝毫削弱投资精神。

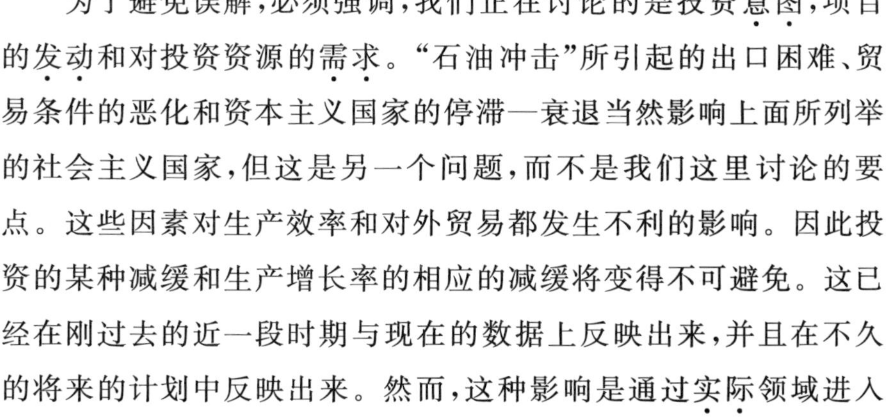

为了避免误解,必须强调,我们正在讨论的是投资**意图**,项目的**发动**和对投资资源的**需求**。“石油冲击”所引起的出口困难、贸易条件的恶化和资本主义国家的停滞—衰退当然影响上面所列举的社会主义国家,但这是另一个问题,而不是我们这里讨论的要点。这些因素对生产效率和对外贸易都发生不利的影响。因此投资的某种减缓和生产增长率的相应的减缓将变得不可避免。这已经在刚过去的近一段时期与现在的数据上反映出来,并且在不久的将来的计划中反映出来。然而,这种影响是通过**实际**领域进入这些经济的,而不是直接地或没有延迟地影响**控制**领域。决策者一旦了解欠佳的前景后,并不立即改变他们的行为,只是在几年的耽搁之后，投资的劲头才减退下来，新的正常值形成起来。[①] 实际上，不是投资者精神减退，而是大家不得不承认投资活动的物质潜力已经变得更有限了。

看一看经济史的某些实际情况后，我们可以回到模型的投资控制方程式(3.18°)上来。我们的模型试图以两种不同的方式反映我在前面说明的关于盛行于社会主义经济中的扩张的投资行为的话。第一，以术语 $M^*(t)$——如我指出的那样——指示人人都以为是正常的那种惯常和持续的扩张。第二，公式在有意省略某些解释变量时，也反映了具有制度特征的行为。投资量不决定于企业部门的财务状况，不决定于企业现在与将来的利润，不决定于积累的或追加的储蓄，不决定于国家预算的条件，或任何预期的销售限制。从资本主义经济的增长模型中略去这些因素可能是错误的——正好像在本模型中把这些因素包括进来可能是错误的一样。

就　业

让我们以 T 表示固定资本的经济生命(或耐久性)。假定(这是一种很强的简化)每一周年存在投资所安装的固定资本的经济生命都是同一的。

---

① 如果整个体系——出于各种外部和内部因素——不能以其惯常的速度作进一步的增长，而只能以不同的速度，例如更慢的速度增长，这在我们的概念体系中将被表达为：体系正常值已经发生变动。在本模型中，这可以形成公式，以便用采取不同数值的一组参数来代替增长因子 Γ_M、Γ_H、Γ_K 等和其他参数。

在模型中，T 是一个外生参数。实际上，拆毁机器或拆除建筑物的日期将由无数经济决定来确定。然而，在现在这一明确的表述结构中，把经济生命看作是一个内生的控制变量是不可能的。

t 年同年存在投资所创造的固定资本于 $(t+G)$ 年开始发挥生产作用。并在 $(t+G+T-1)$ 年结束其生产作用。该年后，它就被拆除或毁掉。

劳动需求由 $L_D(t)$ 表示，它由以下方程式给定：

$$L_D(t)=\sum_{\theta=G}^{T+G-1} J(t-\theta)。\qquad (3.22^{\circ})$$

劳动需求由各种同年存在投资的工作职位创造效应决定。各种同年存在投资是 t 年运转的同年存在投资的加总。

眼下——在整个第三章中——我们讨论社会主义经济的所谓粗放的增长时期。在这个时期里，尤其由于乡村人口和妇女劳力的就业率很低，劳动储备还是大的。劳动供给实际上可以被看作是无限的。[①] 因此，实际就业 $N(t)$ 与劳动需求相一致：

$$N(t)=L_D(t)。\qquad (3.23^{\circ})$$

随后一章讨论劳动储备的耗尽：集约增长时期。在那里，我们将解释对方程式(3.23°)所必要的取代和其他为了叙述集约时期对联立方程所必须作出的修正。当产品市场是长期短缺的“卖方市场”时，劳动市场却是具有大量劳动储备的“买方市场”，这正是粗放时期的特征。

① 这仅仅是近似地正确的，在某些职业或某些地区，在这个时期里，劳动补缺已经可以感觉到。

实际工资和家庭储蓄

如在评论一般假定 4 时已经提到的那样，我们在建立模型时假定家庭不分别地对名义收入和消费物价水平作出反应。家庭对花钱和储蓄的决定完全取决于它们的联合效应：即取决于实际工资。（我们对其他收入形式略而不计）。

实际工资基金由 $W(t)$表示。它由如下方程式决定：

$$W(t)=W^{*}(t)-\omega_{H}(H(t-1)-H^{*}_{\text{plan}}(t-1))。 \qquad (3.24^{\circ})$$

第一个解释变量是 $W^{*}(t)$，实际工资基金的正常值：

$$W^{*}(t)=\omega_{N}\Omega^{t}N(t), \qquad (3.25^{\circ})$$

其中，ω_N 是初始的实际工资率（每一就业者一年的实际总工资），Ω 是正常的实际工资基金的增长因子。正常的人均工资基金乘以就业 $N(t)$决定正常的实际工资基金。

中央关于生活标准的政策和雇员对实际工资施加的压力，在控制实际工资基金方面具有某种影响。现实的实际工资基金作为反馈机制的结果可能背离其正常值。变量 $H^{*}_{\text{plan}}(t)$在投资量控制方程式(3.18°)中已经出现过。它代表家庭消费的正常指数轨道。反馈的逻辑如下：如果前一年，家庭实际消费落后于其正常值，那么，现年的实际工资将以更高的比率增长。

现在，我们也可以对 $H^{*}_{h}(t)$作出解释了。在说明代表家庭消费的方程式(3.10°)时，我们没有解释过 $H^{*}_{h}(t)$。

$$H^{*}_{h}(t)=\chi^{w}W(t) \qquad (3.26^{\circ})$$

其中，χ^{w} 是家庭的正常花费比例，假定实际短缺正好处在其正常水平：$Z(t)=Z^*(t)$。χ^w 的互补部分$(1-\chi^w)$是家庭的正常储蓄比例。这已经包括了一定数量的短缺引起的被迫储蓄。因为，甚至在正常短缺水平上也发生某种被迫储蓄。为了简化的缘故，我们假定 χ^w 长期不变，并且假定它独立于 $W(t)$。在模型中，它是个外生的参数。

现在，我们重写家庭购买方程式(3.10°)：

$$H(t)=H_h^*(t)-\chi_Z(Z(t)-Z^*(t))$$

$$=\chi^w W(t)-\chi^Z(Z(t)-Z^*(t))。\qquad(3.27)$$

结果是家庭储蓄，即$(W(t)-H(t))$差额(即方程式(3.24°)与方程式(3.27)之间的差额)以一种相当复杂的方式得到了解释。家庭储蓄取决于正常工资率及其增长率(这些是外生参数)；除此之外，储蓄取决于由实际消费与正常的消费轨道之间的差异决定的实际工资的调整，取决于就业并最终取决于短缺强度。

累积的储蓄影响家庭需求和购买。这一关系在模型中略而不论。

投入—产出关系

首先，我们提出现期投入的方程式：

$$A(t)=\alpha_X X(t)+\alpha_Z(Z(t)-Z^*(t)),\qquad(3.28°)$$

其中，α_X 是当短缺是正常状态时的现期投入系数。如果短缺比正常状态更严重，就必须更多的现期投入，因为被迫替代所引起的损失将更大，将会有更多的浪费，等等。这里，$Z(t)$不是信号，但它对生产的投入——产出比例有实际影响。

现在，让我们来看投资投入的方程式：

$$B(t)=\sum_{\theta=0}^{G-1}\beta_M(\theta+1)M(t-\theta)+\beta_Z(Z(t)-Z^*(t))。\qquad (3.29°)$$

右边第一项代表前面已定义过的预期投资$\tilde{B}(t)$，即按照根据工程师的计算，在同年存在投资开始时所做的估计得出的 t 年所需的投资投入。工程师的这些计算是以正常短缺强度的假定为基础的。第二项引进一个补值，以弥补实际短缺或多或少比正常状态严重的那些情况。

在控制方程式(3.18°)中，短缺作为影响决策者在决定同年存在投资量 $M(t)$时的行为的信号出现。与此相反，在实际方程式(3.29°)中，表述了短缺的实际影响；短缺的这些影响使投资投入提高到其正常水平之上，或降到其正常水平之下。例如，如果短缺比通常更强烈，不规则的原材料供应、机器交货的推迟等等，都会增加投资成本。①

在其经济内容方面，变量 $B(t)$是与标准宏观模型中以 I 表示的、并称为“投资”的那个东西最为接近。(尽管后者也包括我们的存量增量)：即$(\Delta U(t)+\Delta V(t))$，此刻我要重复我在评论方程式(3.18°)时已强调过的观点：本模型更正确地表述了现实，因为它不把变量 $B(t)$ 看作是一个控制变量。这样，$B(t)$ 大部分由 $M(t-1)$，……，$M(t-G+1)$，事先决定，并且也受到 $Z(t)$ 的强

① 短缺也在其他许多方面影响投资的效率。我们将只提到其中的一个方面：短缺的加强导致投资的延长。因此，实际上，孕育期 G 并不是常数，而是短缺的函数：$G(z)$。然而，在所选的系统阐述的结构中，我们无法表达这种相互关系。

烈影响，但 $Z(t)$ 也不是一个控制变量，而也是由其他几个变量决定的。只有控制变量 $M(t)$ 可以与 $B(t)$ 同时被决定，并且还直接影响 $B(t)$。然而，这种影响是相当微弱的，因为同年存在投资量所引致的投资支出中只有某一部分是在初始年 t 中实际发生的。[①]

我关于方程式（3. 18°）和（3. 29°）所讲的话应能阐明促使我——尽管存在形式上和技术上的种种困难——把与投资有关的相当复杂的迟延结构结合到模型中来的动机。如果我没有这样做，而是仅仅满足于使用把投资看作外生变量的标准宏观方程式 $Y=C+I$（国民收入等于消费加投资），模型当然会简单得多。但是，那时模型就很难令人满意地被用来说明经济的内部运动和规则，或用来分析长短期之间的相互关系。模型也将不适合用来论证作为其特征的反应迟缓所导致的投资过程的特定惯性。[②]

第三个投入——产出方程式讨论产出/劳动比例。

$$p(t)=\sum_{\theta=G}^{T+G-1} J(t-\theta)q(t-\theta)/\sum_{\theta=G}^{T+G-1} J(t-\theta) -(\Psi^t/\Gamma_Z^t)\pi_Z(Z(t)-Z^*(t)) \qquad (3.30°)$$

右边第一项是同年存在投资生产率的加权平均数；按照不同的同

① 实际上，以前上马的、并且已经在进行中的投资的完成可以加速或减慢到某一程度。因此，最后可以在 t 年内根据 t 年作出的决定加以控制的总投资量中的这一部分是由两个项目组成的：(1)由于以前作出的决定，把应在 t 年支出的投资，加快或减慢了其支出的速度，因而造成的偏差数。(2) t 年开始的同年存在的投资中应在第一年支出的那部分投资。甚至这两项的总和也仅仅是在 t 年进行的总投资活动的一部分。

② 迟延在解释社会主义国家的投资循环上起着重要的作用。我们的模型可以供作从理论上研究这种循环之用。然而，本书并不讨论这一课题。

年存在投资在 t 年固定资本中所占的份额加权。较近年份的同年存在投资所占的份额越大，总比例的值就越大。让我们称这——生产/劳动比例为技术生产率。它是在预料短缺为正常强度时，从根据工程师的计算作出的初步估计中建立起来的。

第二项根据实际短缺究竟是强于正常状态，还是弱于正常状态来校正技术生产率的计量。① 如果短缺更强烈，那么由于原材料、零部件的供应经常受到干扰，由于因被迫替代而必须作出的技术上的临时凑合的处理，生产率会下降。让我们以 $p(t)$ 表示考虑到短缺的实际影响而调整过的技术生产率，并称它为**标准生产率**。

我们回忆一下，标准生产率乘以实际就业曾出现在决定正常生产的方程式(3.14°)：$X^*(t)=p(t)N(t)$之中。

模型的结构允许**实际**生产率背离**标准**生产率；这样，$X(t)/N(t)$可以大于或小于 $p(t)$。如果 $X(t)$不同于 $X^*(t)$，和/或 $N(t)$不同于$\sum J(t-\theta)$，这样的背离就可能发生。

存　货

我们现在已经定义了形成配置平衡方程式所需要的全部变量。

产出存货的平衡方程式：

① 因子 Ψ^t/Γ_z^t 只是作为“技术技巧”才必须包含在内。此刻，我们必须——为了适应被表达为比例的生产率项——以这种方式实行我们在说明第 21 到第 22 页方程式(3.5)到(3.7)时曾归因于它的那种“按比例增加”。

$$U(t)=U(t-1)+X(t-1)-Y(t-1)-H(t-1)。\qquad (3.31°)$$

决定正常产出存货的方程式：

$$U^*(t)=\rho(H(t-1)+Y(t-1)),\qquad (3.32°)$$

其中 ρ 是正常产出存货系数。

投入存货的平衡方程式：

$$V(t)=V(t-1)+Y(t-1)-A(t-1)-B(t-1)\qquad (3.33°)$$

决定正常投入存货的方程式：

$$V^*(t)=\sigma(A(t-1)+B(t-1)),\qquad (3.34°)$$

其中 σ 是正常投入存货系数。

在这里，说明一下区分产出存货与投入存货的重要性是有益的。这种区分与产品的物质性质无关，而是与谁处理存货有关：谁把它作为产出来生产，或其他什么人需要用它作为投入。

(1) 就像前文我论述模型的主要性质时已经强调过的那样，我要使存量变量与流量变量之间的相互作用在模型中一贯地显示出来。因此，与其他许多模型不同，我们严格区分产出一方的生产和销售，和投入一方的购买和使用(生产性消费)。流量变量的这种区分，由于它们被分为两种不同的存货而在存量变量中反映出来：产出存货插在生产和销售之间，而投入存货放在购买和生产性消费之间。

虽然，实际上这种区分并非总是很容易作出的，然而经验表明这并不是不可能的。

(2) 产出存货与投入存货在经济的信号体系中起着不同的作用。生产的控制对产出存货作出反应，而购买的控制对投入存货作出反应。

(3) 在不同的社会经济制度中，我们可以观察到 U 与 V 的比例和相应的 ρ 与 σ 的比例具有根本不同的规律性。

在我现在叙述的社会主义经济中盛行着各种“吸入”情况：从生产者—销售者的仓库中“拉出”产出存货。诚然，仓库里并不是完全空的，这完全不是由于买者单方面的磨擦和兴趣减退，而是因为存在着买者即使处于被迫替代地位时也不愿接受的产品。无论如何，在“吸入”的情况下，产出存货通常都不多于必须完成交易时所需要的最小量加上勉强可以销售出去的冻结存货。与此相反，由于短缺所促成的窖藏倾向，投入存货的量是大的。

在资本主义经济中，(就整个周期平均而言)这两种比例显出不同的倾向。体系是需求约束型的，这可能引起产出存货的扩大。同时，原材料的购买和其他投入品的供应相当顺利；因此，通常不必窖藏投入存货。①

以上陈述得到经验数据的支持，但是它们也可以通过根据那些以两种不同的手法表现自己的行为规律进行的推论得到证实。附录二、表(2.4)表明，资本主义国家的产出存货在总存货中所占的份额比社会主义国家的大二倍或三倍。

我们必须注意这一事实，即我们的模型中没有建立明确的“配给系统”企业对现期投入或对投资投入的需求和家庭对消费品的需求彼此争夺整个经济的总生产 X——模型没有包含决定三种不同购买意图的完成比例的规则。

消费所占比例在很大程度上受到模型中两个主要分配参数的

① 如果资本主义厂商预期投入价格上升，它可能试图窖藏投入存货。

影响：ω_N，初始实际工资率和 Ω，实际工资基金的正常增长因子。积累所占比例受一系列参数的影响：投资量的正常增长因子，所承担的投资义务的正常增长因子、存货正常值，等等。

除这些参数的影响外，模型中运行的各种反馈机制保证配置不会持久地背离其正常的比例。

如果某一年，分配给某一地区的产出太多，种种反馈保证在下一年分配给那个地区的产出将少一些，分配给其他地区的将多一些。如果上一年家庭购买落后了，这会——通过反馈机制——抑制投资，以便有更多的产出为家庭所用。如果投入存货已经积累得太多，企业购买将会减少，等等。

这种自动的运动，包括内部控制机制，不仅在模型中存在，而且也在社会主义经济的实践中发生。（显然是以复杂得多的方式发生的，因为我们的宏观模型只能以相当简化的方式说明极为复杂的现实。）然而，关于“自动运动”和“内部控制”，我们必须注意对这些概念的“分散化的”和片面的解释。请回想一下我在 10 页上提出的那个概念：在建立模型时，我们把经济政策制定者、计划者和中央管理者看作是体系的内生部分。这样，模型中叙述的行为规则和反馈机制表示参加多层次控制的各个层次的联合反应。

现在，我们已经完成了对模型的叙述和解释。模型的概要均载于附录一。

第四章　模型的某些一般性质

简单性质

对模型的分析以提出几个简单性质为开端。这些简单性质不导致任何经济结论，然而，必须注意它们，因为它们都是以后的研究的出发点。[①]

(1) 采取数学形式的模型是一组非齐性的差分方程。方程式(1.8)、(1.10)和(1.18)是双线性的，在不同情况下，它们全是线性的。[②]

(2) 这方程组可以递归地求解。[③] 从多种立场看，这是一种值

---

① 安德拉斯·西莫诺维茨已经对该模型做了某种数学分析，但我没有将其分析包括在本书之内；虽然本书已使用了他的结论。第四章、第五章的几个命题是我们合作的结果。

② 此处和本书的其余部分(第 115－117 页除外)中，提到各方程式时都是按照它们在附录一中的号码说的。

③ 如果存在一种方程式的序列，1，2，……，$(i-1)$，$(i+1)$，……，——在目前的情况下——递归计算是可能的。这种序列具有如下性质：

在 t 年的 i 方程式中，存在单独一个未知数；方程式中的所有其他变量已经在前面确定，它们或者借助 t 年的序列号码比 i 小的方程式确定或者是借助序列号码比 i 大的、但在 t 年前的某年的方程式确定的。

26 个方程式构成的模型的各方程式的递归顺序不同于第三章引进的顺序，也不同于附录一中的顺序。

得注意的性质，它简化了计算机模拟，如果应用计量经济学，参数的估计可以比通常更简捷些。它可能有助于阐明因果联系方向的经济分析。

(3) 我们必须提供($T+G+7$)个变量的初始值。[①] 这样做了之后，体系的所有变量在 $t \geqslant 1$ 的任何时间都是独特地确定的。这意味着，我们的模型能满足做到易于处理的基本条件：它是一种经过良好定义的、能够出色地描述体系在长期演进中的动态的动态模型。

(4) 第三章和附录一叙述的增长模型由具有 26 个未知数的 26 个方程式构成。让我们称之为详述的模型。这个模型可“扼要叙述”如下：

选择六个变量，并在此后称之为基本变量：这些变量是产出存货 U，投入存货 V，实际短缺与其正常值之间的背离，$\hat{Z}=Z-Z^*$，同年存在投资量 M，企业的购买 Y 和家庭购买 H[②]。其余变量称为辅助变量。

可以建立起六个基本方程式。其中，只有六个基本变量作为未知数出现。我们把这称为扼要叙述的模型。

扼要叙述的模型也可以递归地求解。[③] 如果($T+G+7$)个初始值已给出，六个基本变量的轨道对 $t \geqslant 1$ 的所有时间都可很好地确定。

---

① 以下的初始值必须加以指定：$M(t)$，$t=0,-1,-2,\cdots,(-G-T+1)$，和 $Y(0)$，$Y(-1)$，$H(0)$，$H(-1)$，$U(0)$，$V(0)$和 $Z(0)$。

② 在选择六个基本变量上我们有一定的自由。

③ 六个基本变量是按它们必须在递归计算的过程中加以计算的顺序列举的。

可以证明,如果六个基本变量的轨道使用扼要叙述的模型已经很好地确定,那么——使用这种解——所有辅助变量的轨道也能够很好地确定。(除了 $p(t)$和 $X^*(t)$以外的辅助变量是线性地依赖于基本变量的。)

用详述的模型和扼要叙述的模型计算的轨道是同一的:两种模型是相等的。扼要叙述的模型提供的便利完全如其名称所指出的那样:它具有扼要叙述性质。在多数情况下,使用它来分析模型的一般数学性质是最好的。其不利的方面在于,就经济解释而言,它具有难以消化的性质。由于叙述的扼要,方程式显得极为复杂而难以领会。因此,我们不把它们包括在本书之中。我们一般将使用详述的模型,而只在少数几个正式的命题中参照扼要叙述的模型。

(5) 体系遵循一条可行的轨道,如果其每一变量 $t\geqslant 1$ 的每年都是非负值,并且能满足叙述实际领域的方程式(1.1)—(1.11)。

存在着能使体系沿着增加生产 $X(t)$的可行轨道运行的一组真实参数值。(附录一说明我们称之为真实参数的含义。)使体系能增长的充分条件我们是知道的,但我们尚未能找到必要和充分条件的一般形式。

这里我不想提出已知的充分条件。因为其经济内容是琐碎的,而其数学形式又相当复杂。需要一个参数群来保证现期投入和家庭购买加在一起并不能消费全部产品,而还能留下一些剩余用于固定资本投资和存货的增加(熟悉投入—产出分析的读者必定会辨认出这一条件与里昂节夫动态经济的著名增长条件极为接近)。

在本书的其余部分，将假定模型的真实参数能满足上面的要求；换言之，体系能够沿着一条可行的轨道运行和增长。

正常轨道，哈罗德—诺依曼轨道

我们将从两个定义开始。如果

$$M(t)=M^{*}(t) \qquad \text{（投资投入量）}$$

$$X(t)=X^{*}(t) \qquad \text{（生产）}$$

$$Y(t)=Y^{*}(t) \qquad \text{（企业购买）} \qquad (4.1)$$

$$H(t)=H^{*}(t) \qquad \text{（家庭购买）}^{*}$$

$$W(t)=W^{*}(t) \qquad \text{（实际工资基金）}$$

即，如果每一控制变量的实际值都等于其正常值，（正常值由前面讨论过的一些方程式决定）则体系遵循着一条正常轨道。

如果其每一个可再生产的存量和流量变量都以均等而不变的速度增长，即如果

$$M(t)=\Gamma^{*t}M_0 \qquad \text{（同年存在投资量）}$$

$$X(t)=\Gamma^{*t}X_0 \qquad \text{（生产）}$$

$$Y(t)=\Gamma^{*t}Y_0 \qquad \text{（企业购买）}$$

$$H(t)=\Gamma^{*t}H_0 \qquad \text{（家庭购买）} \qquad (4.2)$$

$$U(t)=\Gamma^{*t}U_0 \qquad \text{（产出存货）}$$

---

* 英译本中的公式为 $M(t)=M^{*}(t)$，这显然是错误的，现纠正为 $H(t)=H^{*}(t)$。——译者

$$V(t)=\Gamma^{*t}V_0 \qquad \text{（投入存货）}$$

其中 $\Gamma^* > 1$ 是一般增长因子，具有下标 0 符号的是该变量的初始值（即 0 年的值），那么体系遵循的是哈罗德—诺依曼轨道（简写为 $H-N$ 轨道）。

这个名称来源于这一事实，即正是提出总量模型的哈罗德和提出非总量模型的冯·诺依曼他们两人开发出了这些以按不变速度增长为其共同特色的模型。就像哈罗德模型中的生产与资本和冯·诺依曼模型中所有部门的生产都以始终如一的、不变的速度增长那样，在本模型的结构中，当体系沿着哈罗德——诺依曼轨道运行时，所有生产、投资、贸易和存货的变量都以始终如一的不变的速度增长。

我们可以作出如下命题。

已知我们模型的假定，存在着一条可行的正常轨道，并且这条正常轨道必然是哈罗德—诺依曼轨道。除了具有一些使体系能沿着可行轨道增长的真实参数外，为了使体系能有一条 $H-N$ 正常轨道，下列必要和充分的条件必须得到满足：

$$\begin{aligned}&(A)\ \Gamma_M=\Gamma_Y=\Gamma_K=\Gamma_H=\Gamma_Z=\Gamma^*,\\&(B)\ \Psi=1/\Phi,\\&(C)\ \Omega=\Psi。\end{aligned} \tag{4.3}$$

首先，让我们评论上述命题的前面两句话。正常轨道应该是 $H-N$ 轨道，这并不是不言自明的。一条有明确规定的正常轨道（在这样的轨道上，控制变量的实际值与正常值相一致）可以存在于另一种模型中，并和其他假设在一起，而且这条正常轨道可能不是一条 $H-N$ 轨道。（例如，加速或减速可以看作是“正常的”，或者生产、投资、贸易和存货变量的正常增长率可能不是相同的。)我们的模型的特定性质是其正常轨道是 $H-N$ 轨道。

对三个条件,我也要补充几句话。

条件(A)。当然,不难理解,如果一般增长因子 Γ^* 在不同控制变量的正常值的决定中始终如一地出现,这将允许正常轨道成为 $H-N$ 轨道。[①] 尽管那样,相互关系也不是完全不重要的。

在我们的模型中存在着许多使模型不同于哈罗德和冯·诺依曼模型的假定:复杂的迟延结构、同年存在投资方法、投入存量和产出存量的使用,等等。可以放心,尽管存在这些,我们仍回到哈罗德和诺依曼关于稳定增长的结果上来。

总共存在十个决定变量的正常值的方程式[方程式(1.17)—(1.26)]。在其中的五个方程式中,增长因子甚至不包括在内:这些方程式以另一种方式引申出某个变量或其他变量的正常值,即从直接的经济关系中引申出来。例如,生产的正常值从标准生产率和就业中得出,实际工资基金的正常值从正常的实际工资和就业中得出,等等。至于其余五个方程式,其中三个方程式含有增长因子,然而,正常值在一定意义上是内生地决定的:t 年的正常值等于($t-1$)年的实际值乘以增长因子。因此,这些方程式本身并

① 由于模型中复杂的迟延结构,我们没能给出明确的公式来表示沿正常轨道的一般增长因子对那些参数的依赖。Γ^* 含蓄地由体系特殊的多项式决定。

正常轨道的唯一性没有得到证实,我们也不知道保证唯一性的一组条件。

我们已经使用匈牙利的数据和某些近似数据设计出一个数字的例子。这种数字收集被用于后面出现的模拟,就那些数据看,$\Gamma^*=1.06$,它接近 20 世纪 60 年代匈牙利的平均增长因子。

不排除这样的可能性，即如果某一年该体系离开了 $H-N$ 轨道，下一年的正常值也会处在 $H-N$ 轨道之外。

只有两个正常值是外生地强加给 $H-N$ 轨道的。一个是由变量 $Z^*(t)$表示的正常短缺。基本经济假定是：根据原来的短缺规模 Z 计量时，正常短缺实际上是长期不变的；乘上增长因子 Γ_z^t，即沿着 $H-N$ 轨道外生地按比例扩大，正是作为一种“技术诀窍”而进行的。

同样沿 $H-N$ 轨道外生地扩大的另一变量是同年存在投资量的正常值，即 $M^*(t)$。基本经济假定是：我们希望用我们的模型叙述一种体系，在这种体系中，投资活动的始终如一的扩张率被看作是正常的。最后，这两个假定（正常短缺长期不变，正常投资扩张率不变）体现在被外生地规定的$Z^*(t)$与$M^*(t)$的$H-N$轨道上。这两条$H-N$轨道随后引导该增长模型的其他许多正常变量（并且，在某些条件下，引导其可再生产的所有存量和流量变量）沿着哈罗德——诺依曼轨道运行。

条件（B）。这一条件以我们模型的语言来说明技术进步是哈罗德中性的这一事实。[①] 这意味着，随着同年存在投资的一期期增长，单位投资创造出越来越少的工作职位（Φ），这种情况为另一情况所补偿，即每一新创造的工作职位的生产率比早先的同年存

① 关于哈罗德模型的技术进步中性的问题，可参阅 F. H. 汉恩和 R. C. O. 马修斯的著名的概论。“经济增长理论：概论”见《经济杂起》1964 年第 74 期，第 825—832 页。匈牙利文的可参阅 R. 安道尔卡、D. 达尼和 B. 马尔托斯的《经济范围动态模型》，布述佩斯，1967 年。

在投资所创造的工作职位的生产率要高(Ψ)。因此,在模型重新定义的意义上,增加的“产出—资本比例”是常数;更精确地说:同年存在投资能生产的产出增量与完成同年存在投资所需的估计的投资支出的比例是长期不变的。

让我们以 $\Lambda_N(t)$ 表示就业的增长因子;

$$\Lambda_N(t)=N(t)/N(t-1) \tag{4.4}$$

$\Lambda_N(t)$不是模型的参数,但它可以从方程式的解中计算出来,下列关系是在正常轨道上得到满足的:

$$\Lambda_N(t)=\Lambda_N^*=C(\text{对每个 } t \text{ 而言都是常数}), \tag{4.5}$$

$$\Gamma^*=\Lambda_N^*\Psi。 \tag{4.6}$$

公式(4.6)是哈罗德中性的一种表达方式,指出技术进步具有一种“劳动增长”的性质。因子 Ψ 按比例扩大就业的增长。在正常轨道上,能再生产的存量与流量变量的增长 Γ^* 等于不能再生产资源的增长因子 Λ(即就业人数的增长因子)和生产率增长因子 Ψ 的乘积。[①]

条件(C)。正常的实际工资率的增长因子必须等于同年存在投资生产率的增长因子。为了在正常轨道上使家庭总消费按照一般增长因子增长,这一条件是必需的。

① 为了强调的缘故,“生产率”一词用得不太精确。在我们的模型中,实际生产率的增长因子:$\frac{X(t)/N(t)}{X(t-1)/N(t-1)}$可能背离同年存在投资生产率的增长因子 Ψ,在正常轨道上,这两种增长因子是符合一致的。

第五章　控制和稳定

可控制性

在第 61—65 页，我们提出了这样一个命题：我们的体系中存在一种可行的正常轨道，这种轨道具有哈罗德—诺依曼的性质。沿着这一轨道，经济中可再生产的存量和流量变量都以相同的和不变的比率增长。然而，模型的结构允许体系沿其他轨道运行。**体系是否遵循这种正常轨道运行取决于控制过程**。

模型可以按照数学控制理论的标准术语重新用公式来表示。为了这种目的，我们求助于包含六个基本变量的扼要叙述形式。这些变量中有三个**状态变量**：产出存货 $U(t)$，投入存货 $V(t)$ 和实际短缺对其正常水平的背离 $\hat{Z}(t)$。还有三个**控制变量**：同年存在投资量 $M(t)$、企业购买 $Y(t)$ 和家庭购买 $H(t)$。与变量的这种分类相一致，六个方程式的扼要叙述模型包含三个状态方程式和三个控制方程式。

于是我们可以提出下列命题：**这组状态方程式是可控制的**。

“可控制性”概念在数学控制理论中是众所周知的。[①] 它的意

① 例如，可参看 D. G. 隆伯格《动态体系导论》，纽约，威利出版社，1979 年版；或 A. E. 布赖森和 YU-Chi HO《实用最优控制》，京・瓦尔特哈姆，1969 年版。

思是说，无论体系处在什么状态之中，控制变量有一条在一有限的时期内驱使体系达到任何指定的可行状态的轨道。这样一种指定的状态可以是正常轨道上的一个适当的点。在这种情况下，可控制性意指如果体系离开其正常轨道，对控制变量的适当选择能有助于在一有限的时期内驱使体系回到正常轨道上去。

控制的内生描述

大量增长理论文献论述控制问题，然而多数情况下，这种分析是“在模型的外面”进行的。诸如价格、名义工资或利率信号的影响，或可能起作用的平衡机制等问题常常被涉及，但这些问题并没有被正式地结合到模型本身中去。

例如，让我们考虑一下冯·诺依曼的模型。作为某种分析的结果，我们可以确定同能保证最迅速增长的实际轨道相关的最佳价格和利率。然而，这些变量并不反馈于模型，它们不充当反馈的信号。

本模型试图在这方面前进一步。随着体系的长期演进，体系本身产生一些信号，这些信号反馈入该体系之后能影响该体系随后的发展。

让我们转到附录一上来，在附录一内，方程式都按照下列重要标准分组：方程式(1.1)—(1.11)：为体系的实际领域；方程式(1.12)—(1.26)：为体系的控制领域。

本书叙述的增长模型的最主要性质之一是它阐述控制领域(15个方程式)甚至比阐述实际领域(11个方程式)更为详尽。

我不该妄自尊大，我并没有自称这是社会主义经济的一个真正好的控制模型。我欣然承认模型的叙述是粗糙而简单的。如果模型有什么优点的话，倒毋宁是模型的任务本身：建立一个对实际过程有内生控制的增长模型；并且，所用的方法能使长期控制和短期控制之间的相互作用具体表现出来。

我也并不自称这是该类研究唯一的或是首次的尝试，[①]不过，我们可以肯定，这种尝试还是十分罕见的，虽然最令人惬意的是沿着这些思路再进行深入的研究。

正常值控制

模型提出一种特殊的控制形式，我们称它为正常值控制。其理论根据和数学背景在前面提到的《非价格控制》一书中做了详尽的讨论；这里我们只能对正常值控制补充几句话。

让我们以 $U(t)$ 表示模型中控制变量的向量，以 $X(t)$ 表示状态变量的向量。标有星号的符号指同一变量的正常值。现在，让我们使用这种标志考察控制领域的结构。

方程式(1.12)－(1.16)叙述控制变量的决定。这些方程式具

① 这里我应该提一提安德拉斯·布罗迪的新著：《循环与控制》，布达佩斯，"Közgazdasági és Jogi könyvkiadó"1980 年。该书建立一种特殊类型的里昂节夫动态经济的内生控制模型。从这种观点来看，前面提到的 M. 拉可的投资控制模型也像 E. A. 赫韦特的研究那样，是杰出的，后者把计划者的反应函数作为内生控制结合到匈牙利经济的计量经济模型中去。（见《具有内生计划的中央计划经济的宏观计量经济模型：匈牙利的实例》，奥斯丁，得克萨斯大学，1980 年，油印件）

有下列一般形式：

$$u(t)-u^*(t)=f_1(x(t)-x^*(t),u(t-1)$$
$$-u^*(t-1),\cdots,u(t-G)-u^*(t-G))。\qquad(5.1)$$

如果相关的状态变量的现值背离其正常值或控制变量的以前的数值背离它们以前几个时期的正常值，则每一控制变量的现值背离其正常值。

方程式(1.17)—(1.26)叙述正常值的产生。(除了两个例外，这些正常值都是内生地产生的)方程体系的这一部分区分为两组。方程式(1.17)—(1.21)和(1.24)—(1.25)决定控制变量的正常值：

$$u^*(t)=f_2(u(t-1),\cdots u(t-G-T))\qquad(5.2)$$

而方程式(1.22)—(1.23)决定状态变量的正常值：

$$x^*(t)=f_3(u(t-1),\cdots u(t-G))\qquad(5.3)$$

变量 u,x,u^* 和 x^* 之间的这种关系(包括迟延结构的详述)是我们的模型特有的非本质的属性。许多其他的变更是可以想象的，而在建立另一种模型时，可能很有理由使用与本书使用的不同的假定。

对正常值的研究使我们深刻了解体系的本质。如果我们真正了解体系中被认为是“正常的”那些东西，我们对该体系就了解得相当多了。

正常值是根据习惯、传统和心照不宣的或得到法律支持的社会认可，或社会的一致遵奉而确定下来的。正常值倾向于使自身永久化，并且它们有效的时间越长，它们就越根深蒂固。于是，社会的惯性保证它们长期有效。

我们现在使用的一个假说是：在一定的历史时期，社会正常值是长期不变的。当然,这并不意味着它们在数学意义上是独一无二地被确定下来的。如果它们在模型中是作为极好地确定下来的常数出现的,这只是为了使模型的建立便利些。实际上,我们应该把它们更确切地阐述为区间或概率分布的平均数。

正常值不是永远固定不变的,有时候它们能相当剧烈地变动。如果发生了这种变动,这表明发生了一种向性质不同的一个时期的过渡,或正在发生一种向另一种"社会制度"(regime)的过渡。这种逻辑也可以颠倒过来:一些最重要的正常值保持不变,可以被看作是建立不同"社会制度"类型学时划分历史时期的一个基本准则。

在对待社会现象的这种态度上,我们不问什么是有用的,什么是理想的,或什么是最佳的;我们仅仅要问存在着什么。对于这个制度,什么是正常的、"有规律的"和"自然的"?这是叙述—解释理论中系统阐述问题的典型方法。

这种方法的一种吸引人之处在于它暗示人们显然存在着从经验上来检验理论的可能性。人们首先可以通过观察由时间序列和关于各种周期性发生的现象或在许多不同的地方发生的现象的有代表性的典型数据中显示出来的平均值和趋势,来认识正常值。

当然,并非所有的平均值都可以看作正常值。只有存在着某种能驱使变量的实际值趋向其正常值的控制机制的情况下,平均值才能正当地被看作是正常值。这一思想把我们引导到下一节的主题,即控制的稳定性。

关于我们在第58—60页上所说的话,这里我要暂时离开主题对中央经济政策和计划工作稍加评述。如我在前面强调的那样,模型显示了在所有控制的上下层次上发生的决策过程的联合结果，并且不把中央的影响与下层决策者的影响区分开来。至于结果形成的联合效应本身，模型是在决定论的结构中加以叙述的。控制过程通过应用某些“博奕规则”对影响它的种种刺激作出反应。当然，现实比这复杂得多。首先，中央发生的影响并不直接与控制的其他成分合并起来，中央的作用是极为重要而责任重大的。其次，无论中央还是低层决策者都并不是单纯的既定规则的实施者，因为他们都有某种选择的余地。虽然我完全知道所有这些情况，但是这些意见并不适合本数学模型。不管我们采用什么公式来表示，一方面，它可能成为研究者得心应手的工具；另一方面，它结果也可能成为束缚该研究者的桎梏。它同时既可以帮助、也可以阻止分析的进行。

这里所选择的公式表示至多只能用于间接地考察经济政策和计划领域中的某些行为特点。例如，可以用外生参数的各种集合叙述某些类型的行为：迅速的或勉强的，平静的或歇斯底里的反应，等等。然而，如果我们想更全面地研究中央经济政策制定者和中央计划者行为的独立作用和可选择的各种行为形式，那么，必须建立一个不同的模型。

关于稳定的考察

在这一节中，我们将遵循利亚波诺夫和其他一些人的做法，[①]

① 关于对各种类型的稳定所下的定义，可参阅（例如）卢恩伯格的《动态系统导论》，第 332 页。在我们自己的稳定研究中，我们一般采用渐近稳定这个标准。

仅仅在动态系统数学理论所使用的那个意义上使用稳定这个概念。因此我们将违背讨论商业循环和价格的经济学家们的用法。这些经济学家必定认为遵循大幅度波动的轨道运行的系统是“不稳定的”，尽管对数学家来说，在收敛于均衡轨道的意义上该体系可能是“稳定的”。

虽然这个概念是从数学家的词汇表中借来的，在这个意义上的稳定对理论经济学也是十分重要的。在模型的结构中，对稳定的考察回答如下问题：模型中用公式表示的控制规则和行为规则是否保证体系一旦离开其正常轨道，最终还将回到或接近其正常轨道？如果回答是否定的，则讨论范数、正常值或正常轨道究竟有没有意义就很令人怀疑了。如果回答是肯定的，并且体系在广义或狭义的意义上是稳定的，则使用正常值等范畴才是有意义的，而且也是正当的。那时——而且只有在那时——我们才能说正常值是不可抗拒的。实际轨道接近正常轨道，围绕正常轨道波动并且不能完全离开正常轨道。

如果我们对稳定条件已经有某种理解，知道能引起不稳定的因素是什么对我们也是有用的。例如，什么样的参数群使得该系统一旦离开正常轨道就永不回到正常轨道上去？

作了这些引言之后，现在让我们考察我们自己的模型的稳定。对“不充分表现”的多变量动态体系的稳定作精确陈述的困难是众所周知的。因此毫不奇怪，在本模型中，我们只能提出效用有限的几个命题，只能提出某些猜测。

让我们从定义开始。如果在控制方程式(1.12)—(1.16)的右边只有将被控制的变量的正常值[即控制 $M(t)$ 的方程式中的

$M^*(t)$，控制 $X(t)$的方程式中的 $X^*(t)$，等等]具有非零的系数，该体系就是无反馈的被控体系。在这组方程式中，所有其他解释变量的系数都是零：

$$\mu_H=\mu_K=\mu_Z=\xi_U=\xi_Z=\eta_V=\eta_Z=\chi_Z=\omega_H=0。\quad (5.4)$$

上面所列的系数称为反馈系数。如果这些反馈系数中至少有一个是非零的，我们就可以讨论反馈控制。

无反馈控制的局部渐近稳定的必要和充分条件可以用数学方法确定。[①]

我对这些条件不作精细的阐述，因为其中大多数条件都不能予以清晰的经济解释。[②] 这个建议本身不能使经济学家满意，因为，最使我们感兴趣的恰恰是反馈的效应。

在着手作进一步的结论以前，我们必须再引进一个新概念。如果下面提出的(A)、(B)效应中有一个是起作用的，我们就说反馈增进控制。

效应(A)，真实参数规定无反馈的局部渐近稳定。通过引进适当的反馈，这种类型的稳定保持下来并且收敛加快。例如，如果某种情况使体系离开其正常轨道，有反馈体系将比无反馈体系更快地回到正常轨道上去。

---

① 形容词“局部的”表明体系必须在离正常轨道不太远的地方开始，以便能够渐近地接近正常轨道。

② 我恰恰将提及一个具有清晰的经济意义的条件。解释短缺的方程式(1.11)含有真实参数 ζ_Z，这个参数表示短缺的自动递减效应。渐近稳定的必要条件之一是 $\zeta_Z<1$，换言之，短缺的自我产生的效应应该是长期递减的。如果 $\zeta_Z>1$，短缺会加强，体系会离正常短缺越来越远。

效应(B),无反馈的真实参数不保证稳定。然而,引进适当的反馈就能使体系变为可局部渐近稳定的。

我们可以提出我们的猜测:存在着一个反馈参数的集合——该集合的九个组成部分都是正的,并且具有可以作出经济解释的量值——,该集合在上面规定的意义上能增进控制。

我们已把这一结论称为猜测而不是称为命题,因为我们没有关于这个主张的一般数学证明。目前,我们只能提供某种间接的支持。假定我们在纯理论水平上不能得到更完全的结果,考察多变量动态体系最显著的工具是计算机模拟。这是我们已经做了的,并且结果证明能够消除疑虑。

模拟的最典型的结果之一已在图 5.1 中加以总结。我们始终

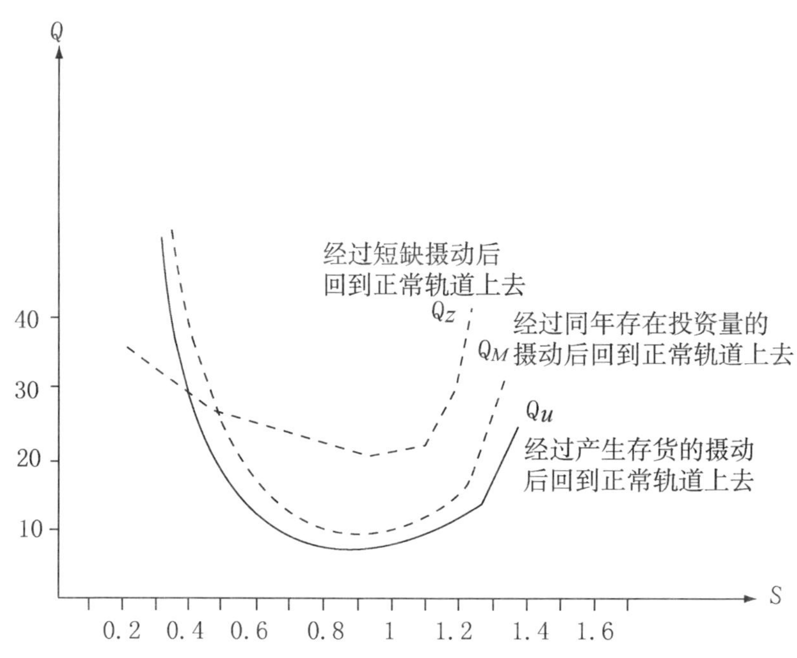

图 5.1　关于稳定的模拟研究

使用同一的一些参数进行了一系列的计算。[①] 如果没有反馈，结果证明这个体系是不稳定的。我们希望发现，在什么程度上体系会通过引进反馈而被稳定下来。为了做这种解释，让我们以 h 表示九个反馈参数的向量。我们用了下列公式：$h=s\cdot g$，其中 g 是反馈参数的初始选择向量，s 是数量，它相继地表现为数值 0.1，0.2，…，1，1.1，…因此，s 以尽可能简单的形式计量反馈的“强度”。数量 s 在图的横轴上计量。

变量的初始值一般在它们的正常轨道上。在每一路线上，只有一个变量的初始值移离正常轨道。我们尝试了三种不同的摄动，使产出存货、同年存在投资量或短缺偏离相应的正常值。纵轴上的指出数 Q 表示被摄动后的系统回到正常轨道附近所需要的时期数目。图上三条曲线与三种不同的摄动相对应。

该图清晰地表示出反馈的稳定效应。该图也指出，至少从这个极为简单的计算看，反馈具有某种极有效的强度(在我们的例子中大约为 0.9)。在这个强度上，收敛是最快的。如果反馈太弱或不敏感，则收敛很慢(或根本不发生收敛)，如果反馈太强，或太突然，则情况相同。当然，从这种必须加上“假设其他情况均保持不变”这个严格限制的小规模试验中是不可能得出关于“最优反馈强

① 这些参数应被看作是匈牙利经济特征的“风格化的”说明。凡是时间序列在匈牙利经济统计资料中找得到的，估计数字都以它们为根据；这通常是依靠趋势计算法完成的。另一些估计数只能间接地靠统计资料来支持。此外，有极少数参数，其估计必须完全靠我们“经济学家的直觉”任意地作出。

度”的深远结论的。[①] 然而，这个试验确实对我们上面强调的猜测提供了某种支持，根据这一点，反馈增进了控制，并且使一个否则不稳定的体系稳定了下来。

这一猜测进一步得到了一项研究的支持，这项研究所涉及的并不是关于整个模型的控制，而是关于模型的一部分的控制。非零的反馈参数只是在短期变量生产 X，企业购买 Y 和家庭购买 H（以及仅与短缺的反应有关的这些方程式）的控制方程式中详细列出。与此相反，在长期变量控制方程式，包括同年存在投资量 M 在内的控制方程式中，没有给出反馈。相反，这些变量是“被迫”趋向它们的正常轨道。在这种情况下，可以从数学上证明体系能被局部渐近地稳定，并且，稳定的必要和充分的条件可以被确定。这种结果暗示人们存在着一些有趣的分析的可能性；因此，除了别的以外它还可以便利研究短期控制与长期控制之间的关系。

模型的稳定性质值得用分析的方法和模拟的方法作进一步的研究。无论如何，从稳定的观点来看，可以说没有什么东西能阻碍我们使用这个模型。“正常值”和“正常状态”的概念可以在模型的结构中加以解释，因为其内在的控制机制——至少，对合适的参数

---

① 引出结论时要谨慎这也是对的，因为这种模拟结果的短系列说明体系对摄动是敏感的，它易从其正常轨道移开，而回归到正常轨道上去却很缓慢。

另外，一个更好的反馈参数群可以加速收敛。例如，在 $s=0.9$ 时，我们全力调整投资控制方程式中的反馈参数。以这种方式，我们在大大地缩短回归时间 Q_M 上获得了成功。

值来说——能使体系保持在其正常值附近运行。①

最后，对方法论再补充一句话。从经济上应用数学控制理论时，人们通常遵循的是下列思路：

我们给出关于实际领域的说明是已知的，此外，一套套经济政策指标和手段也是已知的。因此，问题是确定能为给定的经济政策目标提供最好服务的控制规则。模型的控制方程式并不是预先一一详细列出的，但它们的确定恰恰是研究的结果。因此，了解控制是否具有稳定、迅速收敛等等理想的性质是没有必要的。当然，这种控制具有这些性质，因为研究者所寻求的一种控制他自己事先就已假定它应具有这些性质。

这是建立经济控制模型的规范方法。然而，我们希望提出一种生动叙述的方法，与这种方法相应的思路如下：

我们在现实中进行观察并力图在模型中不仅叙述实际领域而且也叙述控制领域。以后的模型必须或多或少详细地反映控制在现实中如何进行。什么是决定的规则？决策者怎样、并对什么信号作出反应？

这样，我们把一定程度上能反映经验上可观察的控制机制的某些方程式建入模型中，然后了解体系怎样运行，并研究它的稳定

① 此刻提出一句警告似乎是有用的。本体系描述控制的自我重复的常规形式。对这个模型，体系的稳定相当于说如果条件保持不变，经济的控制机制能使现状永久存在下去。

所选择的公式表达法似乎不适合于内生地（即在模型内部）表示对外部条件的突然变化应如何去适应，或一个新的历史时代如何开始；新历史时代的开始需要发展新的正常值和新的行为规则。这是另一个课题，是一种完全不同类型的经济理论。而数学是对这一课题的研究所必需的。

性质。

我们没有仅仅为了以后能够洋洋得意地把野兔抓出来而事先把它放在高帽子里，我们没有建立一组事先知道能保证稳定的控制。因此，在这样的情况下，我们的稳定结果都必须被认为是更有价值的。

正常轨道：非瓦尔拉的长期均衡

我们从专门术语问题开始。让我们假定这个模型落入一位未被经济学沾染的“纯”数学家、某个专门研究动态体系的数学理论的人的手中，他一定会把正常轨道称为均衡轨道。

关于这个问题，经济学家之间普遍存在着对术语本身混乱认识。某些经济学家认为以非瓦尔拉性质为特征的体系的每一状态——在动态模型的场合，为每一轨道——都是非均衡状态。[①]这意味着唯一真正的均衡是瓦尔拉均衡；任何背离瓦尔拉均衡的体系——即使这种背离是永久和持续的——都是不均衡的。

然而其他经济学家却准备讨论非瓦尔拉均衡。例如，他们往往使用“凯恩斯的失业均衡”等等词语。“非瓦尔拉均衡”这个术语的使用似乎正在固定下来，尤其是在西方理论经济学家之间，尽管还不能认为这一术语已被普遍接受。

---

① 参阅巴罗·格罗斯曼以及其他属于“非均衡学派”的作者的著作，这类文章的标题——就其内容来说也是重要的——是相当典型的：“论持续的非均衡”（H. R. 瓦里安，《经济理论杂志》1975 年第 12 期，第 218—228 页）。我早期的著作《反均衡》，我的用法在这一方面是相同的。

至于我自己，我接受第二个定义。在我来看，它尽管不同于经济学上对均衡的传统解释，但同数学和自然科学上的均衡概念是一致的。在我们模型的范围内，“正常轨道”这个词和“非瓦尔拉的长期均衡”是同义语。不过，虽然理论上我不反对使用这个词来作如此广泛的、自然科学的解释，但在实际领域内我避免使用它，并且宁愿使用“正常状态”和“正常轨道”。这些没有任何特殊的经济学历史的术语似乎具有更多的优点，因为它们在现存的术语混乱中不大会引起误解。作为一个匈牙利的经济学家，我觉得把这个已在我整个国家里开始被接受的术语加以考虑也是合理的。匈牙利经济学家几乎毫无例外地、并且也与瓦尔拉无关，都会把短缺叫做非均衡，尽管他们全都知道短缺始终和我们在一起，并且在几十年中不断地被再生产出来。这个值得考虑的问题也使我对使用像“短缺均衡”(凯恩斯的失业均衡的对立面)这样一个名词踌躇起来。必须承认，价值判断是必然与均衡概念联系在一起的：在多数人(无论专业人员，还是非专业人员)眼中，均衡是“好的”，非均衡是“坏的”。另一方面，术语“正常状态”或“正常轨道”似乎是没有任河价值判断的，即是中性的。

现在我要指出，我们的增长模型中所阐述的体系的非瓦尔拉性质。

(1) 短缺的不断再生产。我们不应该指望在家庭部门(其需求受到工资基金 W 的限制)的行为中找到对这一事实的基本解释。重要的解释在于企业部门的行为，尤其是企业部门需求方面。企业的决策者和在经济管理的更高层次上控制企业部门的那些人不断地受到扩张竞赛的影响，这种竞赛产生一种几乎永远满足不了的投资饥饿。由于短缺,存在一种普遍的窖藏倾向,这种窖藏倾向是企业部门的需求几乎永远得不到满足的主要原因之一。任何财务上的和盈利性上的考虑都不能有效地抑制企业的夸大了的需求。于是,产生了一种恶性循环:短缺→数量竞赛→投入需求增加→短缺日益深刻→……。

同时,各种相反的力量发生作用,促使体系回到短缺的正常水平上去。异常深刻的短缺使企业的购买意图衰减,并对投资发动来一个刹车。

企业部门的行为是具有制度特征的,正像这里决定变量 M、X 和 Y 的那些控制方程式中所叙述的那样。这种行为与资本主义厂商的行为有着根本的区别。

(2) 非瓦尔拉的信号系统。在我们的模型中,控制变量的实际值通过各种非价格信号的影响背离它们的正常值。这些非价格信号中最重要的包括存货信号、短缺信号和所承担的投资义务与家庭消费的变化。

假定这些模型的性质已经给定,则这些信号通过宏观变量来表示。然而,实际上它们代表千百万微观信号的集合体。$V<V^*$ 意味着成百上千个工厂仓库中的投入存货已经减少;$Z>Z^*$ 意味着排队排得更长,被迫替代比正常情况下更频繁地发生;$H<H^*_{plan}$ 意味着,居民中对生活水准有了更多的怨言,等等。

最近几年,理论经济学家已经日益清楚地认识到非价格信号在经济体系中发挥着重要的作用。本模型试图更进一步在宏观模型的结构中系统地阐述非价格信号的产生和它们作为决策控制过程的一部分的"反馈"的产生。

假定体系具有非瓦尔拉性质，评论马林沃德的赫尔辛基讲义是适当的。在同一图上，把不同的诸“社会制度”表述为一个给定的坐标体系上的不同的诸点，或表示为这个坐标平面的诸确定的区域是一个在智力上吸引人的试验。马林沃德在他的图上确定了与瓦尔拉均衡、凯恩斯的和古典的失业等等相对应的各点和各区域的位置。我很想在这些图上确定我正在考察的经济的位置。它不该是马林沃德称之为“受到压制的通货膨胀”的那个“社会制度”吗？

依我之见，这是不正确的。价格和货币不真正影响生产、投资和就业这些宏观变量的半货币经济根据其货币是稳定的还是膨胀的或价格增加是被压制的还是得到允许的是不能作出恰当的说明的。上面总结的这个体系的主要特征—长期短缺、剧烈的扩张竞赛、数量竞赛、不可抑制的投资气概——在价格稳定的时候可以观察到。但是，如果价格水平开始变化，缓慢的或加速的通货膨胀展开时，这些特征也会继续存在。

我正在研究的体系不能仅仅通过把不同的数值参数代入马林沃德的方程式来建立模型。相反，我们必须提出能系统地阐述另一些行为规则、另一些信号体系和另一些反馈机制的另一些方程式。

本书不打算判断巴罗、格罗斯曼和马林沃德的模型是否提出了一种能区分资本主义经济的各种不同的状况的适当方法，即能开发出一种在某些本质特征上彼此不同的各种类型的资本主义“社会制度”的适当方法。可是，似乎可以肯定地说，我们几乎无法把对社会主义经济的叙述纳入同一个理论结构之中。

第六章　效率和就业

前面几章中叙述的模型可以用来进行几种不同类型的分析。在本书中，作为一种实例，我们将用它来考察与效率有关的一组问题。甚至在这个领域中，我们也没有试尽模型提供的一切分析可能。

效率是一个复合和多维的概念。因此，我们将只讨论效率的几个方面，而不求全面。

消费的效率

这是个不寻常的概念[①]，然而用我们的模型来对其作出解释是很便利的。在经济的正常轨道上同时发生着两种不同的过程：

$$H(t)=H^{*}(t)=\Gamma^{*}H(t-1), \tag{6.1}$$

即家庭的实际消费以不变的比率增长。并且，

$$Z(t)=Z^{*}(t), \tag{6.2}$$

即正常短缺不断地再生产出来。这和影响家庭的几种短缺现象相

---

① 我从捷克斯洛伐克的著名经济学家 J. 格尔德曼处借来这个概念。（见《宏观经济分析和诊断》，科学院出版社，布拉格，1975 年。）

一致：某些消费品根本不上市，而另一些消费品只能在有限的选择范围内获得。购买给买者造成大量的麻烦。他走了一家又一家商店，直到他找到合意的物品或可接受的被迫替代品为止。他常常不得不排队。在某些商店里，人们往往为了购买一些低值的商品而排起了真正的长队，并且买者可能不得不等上几个小时。为购买高价的产品和劳务（例如，小汽车或一套公寓）往往会形成象征性的编号的队伍，排这种队等待的时间可能长达几年之久。

两种不同类型的现象往往被混淆。许多人把短缺看作是贫穷和经济发展低水平的征象。然而，问题实际上涉及两种显然可以辨别的过程。消费水平可能是低的，但就买者可以把他所拥有的钱花在他所需要的物品上而供给方面也毫不阻止此事这个意义而言，并不存在短缺。另一方面，长期短缺可以在高的人均消费水平上或在低的人均消费水平上发生，或者，长期短缺可以与比较慢的消费增长速度或与比较快的消费增长速度同时发生。

让我们比较 A 与 B 两个国家——为了使比较简单化——两个国家的家庭实际人均消费水平是相同的。然而，如果 A 国的短缺强度高于 B 国（这由一种适合于两国之间进行比较的指标来计量），则**A国的消费效率必定差些，因为获得同一数量的产品所带来的辛劳、烦恼和失望要更多些**。我觉得为了这种比较而建立具有消费和短缺两个自变量的综合福利函数意义不大，相反，我倒觉得，理解这种因果联系似乎更重要得多。

因此，这种经济增长模型再加上能够不断增加实际消费水平的这种经济机制就能同时再生产出消费领域的短缺现象。

关于**消费**的效率说了这几句话之后，现在让我们的注意力转到对生产效率的考察上来。

投入—产出比例与短缺

首先让我们考虑已经进入生产过程的资源，并了解资源使用上所发生的情况。（后面，我们还将了解没有进入生产的资源，包括最重要的资源：强壮而未就业的人所发生的情况。）

我们的第一个例子涉及现期投入与短缺之间的联系，这种联系已在图 6.1 中指出。（我们考察某一给定时刻的情况，所以自变量 t 可以省略。）我们一开始要分析的不是我们的模型而是短缺经济的实际实践。

比例$\tilde{\alpha}=A/X$ 是一种渐增的凸向横轴的短缺函数，当短缺愈益强烈时，它日益陡峭地上升。同样的关系也适用于投资投入和劳动投入。为了一致的缘故，让我们引进相应的标志，$\tilde{\beta}=B/X$ 和 $\tilde{\gamma}=N/X$。[①]

虽然在第一次提出这些方程式的时候，我们就曾提到过短缺与生产投入之间的相互依赖，现在我们想更充分地阐明这个问题。在后面几段文字中，短缺始终是原因，而低效率是结果。[②]

（1）短缺引起生产的中断。由于缺乏一种或多种基本投入，某些工人，或许是工厂的一整个车间或一个部门必定会空闲起来。

---

① 为了一致的缘故，我们愿意在此写下生产率的倒数。N/X 与 p 或 q 之间的关系见第 60 页。

② 在要列举的各种情况中，雷本斯坦称为“配置低效率”的情况和“X-低效率”的情况是交织在一起的，但更为强调的是后者。

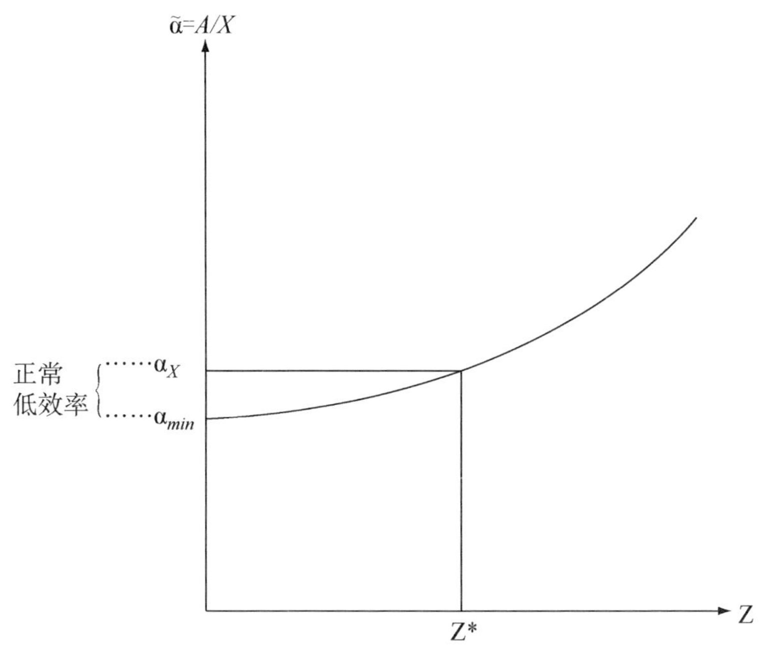

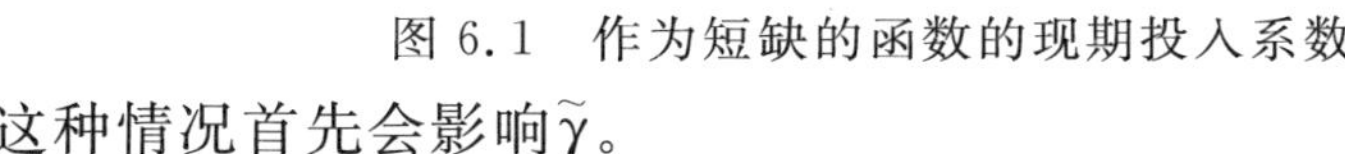
图 6.1　作为短缺的函数的现期投入系数

这种情况首先会影响$\tilde{\gamma}$。

(2) 短缺引起**被迫替代**。缺乏的投入必须用较劣的或较昂贵的某种东西来代替，不管这是某种原料、半成品、零部件，还是机器、设备和某种类型的业绩，等等。这种被迫替代对所有三种投入—产出比例都直接产生不利的影响。

(3) 短缺引起的无组织**状态破坏了劳动纪律和士气**。长期的劳动短缺具有一种相似的影响（不久我们将更详细地讨论这一点），它使管理人员更难采取有效行动来对付工人违反工厂纪律。影响家庭供给的短缺现象能削弱居民的劳动热情。所有这些情况都会促使$\tilde{\gamma}$的增长，同时也影响其他两种投入—产出比例。

(4) 如已经强调的那样，短缺的合乎自然规律的对应物是**数**

量竞赛。买者迫切要求速度尽可能快、数量尽可能多的交货。这种增加数量的片面的努力使企业对节约投入，和关心产品质量丧失信心。

(5) 以上段落引用的例子表明短缺在短期内可能是低效率的一个直接原因。然而也存在一种长期起作用的间接相互关系，而且这可能是更重要的。在长期短缺经济中，生产者只是偶然地暂时地在销售其产品中遇到这些问题。“卖方市场”对那些生产成本高昂、技术陈旧低效或按传统的产品模式进行生产的企业提供保护。

上面谈到的关系通过亿万个基本事件发生作用。每一种实际短缺现象导致效率的某种程度的降低。可是这些现象不是孤立的事件，而是由无数条互相纠缠互相扩大的纽带联系在一起的。

短缺与低效率之间的因果联系在模型中当然是以严格简化的方式阐述的。大量基本事件由少数几个宏观变量表示，由于三种不同的投入—产出比例是十分紧密地相互依赖的，所以我们假定它们全受这同一变量 Z 的影响是正确的。严格凸形的(在生产率的场合是严格凹形的)函数由在与正常短缺相应的 Z^* 值附近线性化的近似线代替。

投入参数从一开始就包括一定程度的正常低效率。对比例 α_x，这一点也已在图 6.1 中指出。在完全不受短缺的影响的状态下所能得到的最低比例 A/X 由 $\alpha_{\min}$ 表示，与正常短缺一起发生的正常低效率由差额($\alpha_x-\alpha_{\min}$)给出。当然，如果短缺比正常状态更强烈，低效率就会进一步增加。

为了保证模型在数学上易于处理，我们不得不对在 $\tilde{\alpha}$、$\tilde{\beta}$ 和 $\tilde{\gamma}$ 数

量中没有得到反映但也倾向于降低效率的短缺的其他许多影响不加考虑。这样，除了别的以外，我们也不考虑这一事实，即存货的正常值 ρ 和 σ、孕育期 G 和固定资本的经济生命 T（换言之，废弃的速率）全都既取决于正常短缺强度也取决于瞬间的实际短缺强度。相反，我们把这些数值全看作是模型的外生的常数。虽然这种阐述是简单而粗糙的，然而它至少在一定程度上还是把短缺和效率之间的关系明白地表示了出来。在这方面，我们的模型在宏观经济学和增长文献中是相当例外的。通常，投入—产出比例是不随一般市场状况变化，也不随这种模型中的过度需求、过度供给、短缺和闲置的宏观经济指标变化的。

如果体系是稳定的，投入—产出比例围绕它们的正常水平波动。这种情况已通过图 6.2 的 A/X 例子得到说明。当然这个图例也适用于另外两个比例。然而体系的控制可能结果是不稳定的——而且不仅在模型中而且在实践中也是这样。在这样的情况下，可能产生一种恶性循环。高于正常状态的短缺降低效率，然后这种低效率引起短缺的加强，短缺的加强进一步降低效率，等等；而且只要体系不回到其最初的正常轨道，这种恶性循环就能继续下去。也许新的正常值可能在比原先不利的水平上渐渐确定下来：Z^{*} 可能被 Z^{**} 所代替，α_X 被 α'_X 所代替（见图 6.3）。

现在回到我们正在考察的实例中来。在这个实例中，对体系的控制是稳定的，正常值是给定的。于是我们可以得出结论：**只要正常短缺在体系中持续存在，这种（由投入—产出比例表示的）低效率也将持续存在**。我并不认为短缺是能降低效率的唯一因素。不过，由于其直接影响和间接影响是结合在一起的，所以它是降低效率的最重要因素之一。这为确定它在模型中的主导作用提供了正当理由。

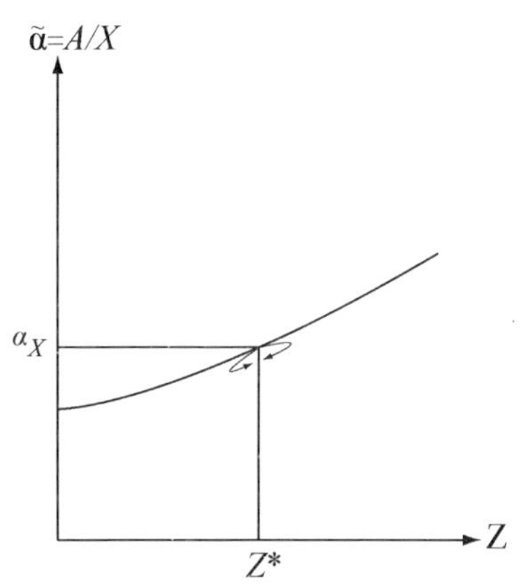

图 6.2 体系是稳定的:投入回归其正常轨道

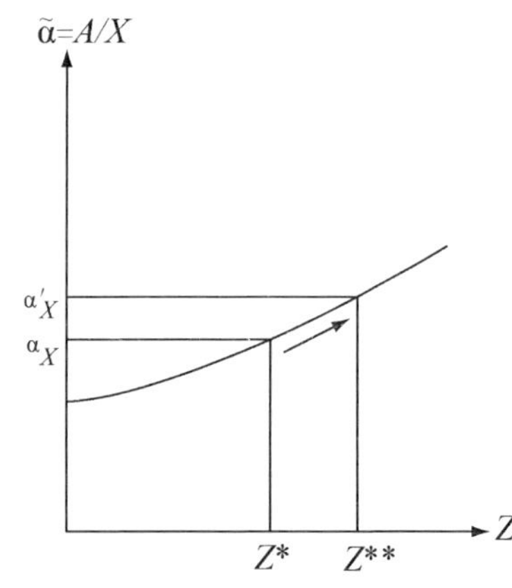

图 6.3 体系是不稳定的:投入不回归到其正常轨道

因此,模型以一种相当简单的形式表达了我们也许可以称之为短缺经济的效率是非论的现象。一方面,短缺作为一种信号或刺激促进生产的增加。在我们的模型中,这种影响由方程式(1.13)尤其由反馈参数 ξ_U 和 ξ_Z 表示。另一方面,短缺的实际影响倾向于降低效率——如已经解释的那样——从而阻碍生产。

这种关系已在图 6.4 中根据一种模拟练习加以说明。体系最初沿着正常轨道运行,后来受到摄动:给定的一年的实际短缺当时超过正常水平 20%。这种短缺信号激起数量竞赛:实际生产突然增加并且大大地超过其正常水平。同时,投入背离它们的正常水平。可是生产(和投入)迟早会减慢并降低到正常轨道以下。最后,随着振幅的逐渐减小,体系回到其正常轨道上来。

效率是非论是明显的,因为在微观水平的观察和宏观水平的观察之间存在着明显的矛盾。在微观水平上，工厂经理说，在给定的条件下他不能生产得更多了。增加生产的意图遇到一个又一个瓶颈。在任何特定的时间和地点，构成瓶颈的资源完全被开发利用了。同时，宏观水平的数据揭示，就种种巨大的总量和长期情况来看，平均利用率相当低。（为了说明问题，我们在附录二的表2.5和2.6中提供某些存货水平和机器利用方面的数据。）

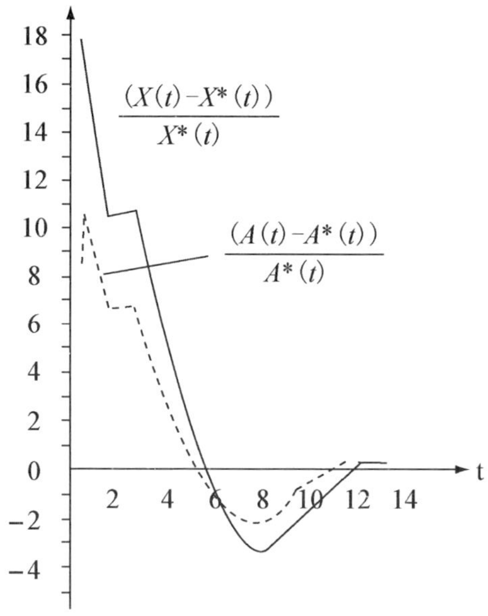

图6.4 效率是非论的模拟

然而，已经完全理解长期短缺的性质和短缺经济的效率是非论的人将不会看出这些微观水平的观察和宏观水平的观察之间存在任何逻辑上的矛盾，并且甚至断言，它们在某种意义上是互为前提的。

粗放时期：储备劳动的吸收

在前一节讨论了进入生产过程的流动资源的利用后，现在我们要把我们的注意力转到效率的另一方面来，探究体系在调动其可利用的资源上获得多大的成功。体系在多大程度上已使可利用资源进入了生产过程？多大比例的可利用资源仍停留在生产过程以外不动？土地、矿藏或任何其他自然资源方面都可以提出这个问题；但是在本书中，我们集中注意一种特殊的资源，即劳动。

东欧各国当它们集合在社会主义条件下进行增长的起跑线上时，它们还处在低的或中等的发展水平。那时，公开或隐蔽的高失业率和高就业不足率是农业地区的特征；并且妇女的就业水平相当低。

现在我将提出一个从本模型中得出(并从作为模型的基础的一般理论中得出)的命题，这个命题已为第二次世界大战以来的东欧经济的经验所证实。

我们的模型中所描述的那种类型的增长(在一定的人口条件下)必定会导致储备劳动的吸收，导致充分就业和人口的高活动率。

让我们用匈牙利经济史上的一个实例开始为这个命题证明。

图 6.5 是以匈牙利的统计数据和使用匈牙利数据的模型所进行的计算为基础的。横轴表示历史时间。我们把 1949 年作为起点，因为这是匈牙利第一个五年计划开始前的一年。那时，战后的重建已经完成，大规模的国有化已经发生。这一年有理由被看作

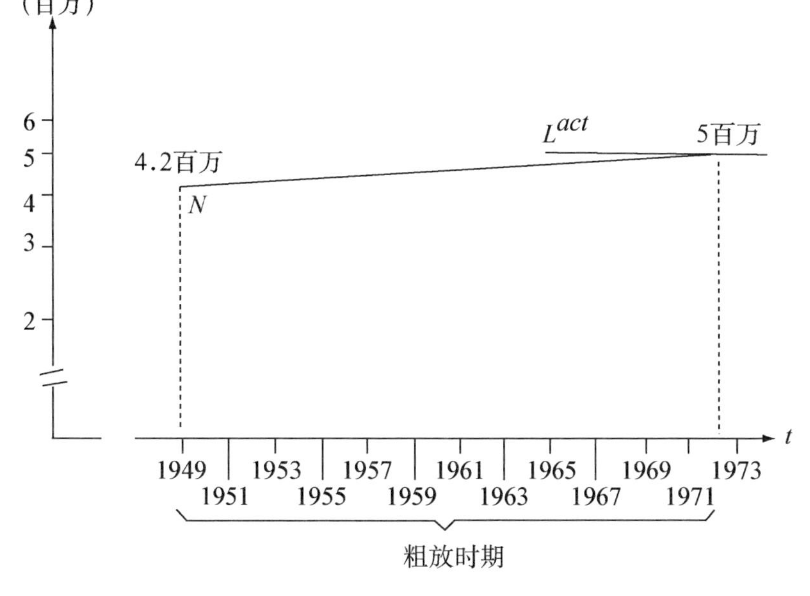

图 6.5　劳动储备的吸收(匈牙利数据)

是社会主义类型的增长的开始。

我们用对数换算法在纵轴上计量劳动。

开始时的就业人数 N(1949 年)是 420 万人。到 1972 年,就业的年平均增长率是 0.7%,也就是说 $\Lambda_N=1.007$。

为了讲清楚供给一方,让我们引进一个新概念:潜在的活动人口。这个概念如果从其对立面开始就非常容易解释。属于工作年龄的人口中有一部分由于健康、家庭或其他社会原因实际上是不能就业的人口。其余的是潜在的活动人口。换言之,潜在活动人口的规模代表劳动供给的上限。各种外在的条件可能使劳动供给少于潜在活动人口,但劳动供给不能多于潜在活动人口。就匈牙利的数据来说,这些数据表明人口的增长是极其缓慢的。如果我们把潜在活动人口与工作年龄人口的比例看作是一个常数，我们将不会犯严重的错误。因此，让我们把潜在活动人口的数量看作是常数：500 万。[①] 我们用 L^{act} 表示。

两条曲线 N 与 L^{act} 相交。让我们在那儿停下来——更近的时期留待后面讨论。

当然，此图是以非常简化的方式表示发展进程的。就业的增长并没有如此平稳地发生，虽然实际数据的时间序列对图中所示的指数趋势背离得不太多。就业增长趋势也显然没有碰到很严格的供给限制。部分劳动短缺一直存在，就像 1972 年以来存在一些劳动储备一样，部分劳动短缺甚至被再生产出来。然而匈牙利的劳动经济学专家也认为，正是 1972—1973 年前后的这段时间，劳动市场情况发生了质的变化。

在目前东欧所接受的术语中，有足够的潜在活动的劳动储备并且这种储备正在被渐渐吸收的时期被称为**粗放时期**。**集约时期**以充分就业和缺乏任何基本的潜在活动的劳动储备为特征。这样，匈牙利的粗放时期在 1972 年前后结束。

现在让我们使用模型的概念工具来叙述粗放时期决定就业的各种相互关系。

$$\Gamma^{*} \Phi = \Lambda_{D}^{*} = \Lambda_{N}^{*} 。 \qquad (6.3)$$

这个公式从左到右指出各种**因果联系**的方向。

在体系中发挥作用的扩张竞赛和投资饥饿导致持续的强有力

① 实际上，我们怎样定义和计量 1972 年以前时期的潜在活动人口不是很重要的。当劳动储备已经被耗尽的时候，只有确切的限制变得重要起来。

的增长。在实际参数已定的情况下，经济按照一般增长因子Γ^*在其正常轨道上运行。甚至这一时期的技术进步也有节约劳动的性质($\Phi<1$)，虽然朝节约劳动的方向转变不是特别迅速的。(在模型中，我们估计匈牙利粗放时期为$\Phi=0.953$。)乘积$\Gamma^*\Phi$决定劳动需求的增长因子：Λ_D^*。当存在充分的劳动储备的时候，劳动需求可以得到满足，以致就业可以按照这同一的增长因子Λ_N增加。

为了保证粗放时期是有限的，以下条件必须得到满足：

$$\Lambda_D^* > \Lambda^{\mathrm{act}^*}, \tag{6.4}$$

其中，Λ^{act^*}是潜在活动人口的增长因子。在匈牙利，上述条件实际上是得到满足的，$\Lambda_D^*=1.007$，$\Lambda^{\mathrm{act}*}\approx 1$。这就保证了粗放时期绝不会比20年长得很多。

事实上，条件(6.4)体现一个人口条件。如已提到的那样，存在一种社会可接受的活动率上限。如果我们把这个上限看作是固定的，我们可以在(6.4)公式的右边代入工作年龄人口的增长因子Λ^{dem^*}：

$$\Lambda_D^* > \Lambda^{\mathrm{dem}^*}。 \tag{6.5}$$

从一定的初始状态开始，粗放时期的持续时间之久暂一方面取决于人口的增长，另一方面取决于扩张的速度和技术性质。让我们别忘记Γ^*与Φ是概括说明极复杂的社会过程的综合指数。在我们的模型中，Γ^*依所有的真实参数而定。如果其他条件不变，初始工资率ω_N越低或Φ越接近一，即劳动的释放越慢，等等，则粗放时期结束得越快。模型把它看作外生参数的诸经济量值实际上都取决于经济政策、计划内容和投资决策。然而，如果条件

(6.4)—(6.5)得到满足，体系最终将不可避免地达到充分就业。

公式(6.3)—(6.5)是很简单的，而且它们的内容似乎是琐碎的：如果劳动需求增长得比人口快，每个可发挥作用的人最终都将得到工作。然而这些公式都有一个重要的消息要传达，而这一点对许多当代的宏观经济学家却并不是不言而自明的。这些公式由于它们能对解释就业的各种因素进行选择，同时又不考虑某些因素，引起我们的关注。

上面提到的公式把注意力导向长期过程。它们不讨论仅仅暂时影响劳动市场的诸因素，相反，它们强调创造工作职位的历史过程。深刻的社会变化隐藏在这一过程背后：工业化、人口从乡村地区流入城市、城市化，等等。如果这种社会变化和有关的经济增长以适当的速度进展，人口将渐渐地被动员起来，即使一路上都有市场波动。根据这种观点，虽然劳动的瞬间需求可能常常显得重要，但它只具有第二位的重要性。

模型中，实际工资基金依就业而定。但是不存在相反的关系，由此宏观水平的劳动供给并不依实际工资而定。这就提出了一个关于集约时期的问题，但这个问题我们将在以后加以考虑。然而我认为，在建立粗放时期的增长模型时，不考虑上面提到的相反关系是完全正确的。我们的模型——就到目前为止所叙述的形式而言——恰恰具有这种目标，即形成阐述粗放时期的公式。劳动之流入企业(和非营利机构)部分基本上不取决于工资的出价，而取决于工作的机会。粗放时期劳动的短期供给有效地取决于劳动的需求。

前面的思路特别值得那些探讨欠发达国家(如中南欧、亚洲和拉丁美洲的国家)的宏观经济问题的人注意。不管这些在先进资本主义国家当代专业文献中处于重要地位的问题(通货膨胀、国际收支平衡、汇率等等)对欠发达国家有多么重要,仅仅关心这些问题总是一个严重的错误。因为就业的基本问题毕竟是由本国的增长过程类型决定的。

可以提出某些数据来说明我的意见。附录二的表2.7就几个欧洲的社会主义国家和资本主义国家的活动率进行了比较。表中所列举的资本主义国家是第二次世界大战后与表中所包括的东欧国家处在同一发展水平上的国家。虽然在国家的性质上存在着相当大的不同,两组国家的平均数之间的差异是引人注目的。资本主义国家1975年的活动率大约在35%到40%之间,而社会主义国家同期的活动率则在50%左右。

现在我们可以回到这一章的主题效率上来。在动员社会最重要的资源劳动的方面,在系统地把劳动引入生产过程的方面,社会主义经济证明是高度有效的经济,这是社会主义经济最重要的历史成就之一。

片面的或被歪曲的价值判断在社会主义制度的支持者中间和反对者中间都能容易地找到。他们或者只强调社会主义制度中能增进效率的那些因素,或者只强调那些能降低效率的因素。然而,真相要比这复杂得多。

引进并不断再生产出产品市场的短缺的这种经济增长模型和相应的这种控制机制将同时造成对最初不活动的劳动储备的吸收,创造充分就业,然后引进和不断再生产出劳动市场的短缺。阻碍增进内部效率(即阻碍改善已进入生产过程的资源的投入—产出比例)的这种增长模型和控制机制将通过使以前不活动的资源活动起来而增进外部效率。

集约时期:充分就业、劳动短缺

我们暂时把从粗放时期到集约时期的过渡问题搁在一边,而直接来考察能把一个劳动储备久已耗尽的经济的特点描绘出来的增长模型。为了以后更易于理解过渡的某些方面,首先说明这一点是有用的。

“成熟的”集约时期的最重要的特征是劳动短缺已成为慢性病。为了避免误解,我不断言每个就业者的能力都已在其工作岗位上得到充分发挥。在第71—77页,我试图说明各种短缺现象(包括劳动短缺)是已订立契约或带进工厂的劳动资源的利用情况所以不能令人满意的原因之一。存在着闲置不用的机器、滞销的产品存货和等待着工作、原材料或机器的无所事事的工人。当企业愿意提供劳动契约的人数比愿意接受劳动契约的人数多的时候,我们称为劳动短缺的情况就发生了。在职失业或企业内部不适当的劳动/产出比例不仅可以同劳动短缺和谐共处而且还能互相加强。

我们对企业与物品之间的关系的所有一般讨论现在都可以重复用于集约时期企业与劳动之间的关系上。我们知道企业对投入的价格一般是几乎毫不敏感的。现在,在集约时期,这种情况也适用于劳动投入,企业对工资几乎毫不敏感。企业的劳动需求不会由于一般工资的增加而减少,也不会由于工资与原材料、机器的价格之间的比例变得有利于工资方面而减少。

短缺能诱使企业窖藏投入存货，在劳动方面也存在相同的情况：劳动的窖藏。企业不愿放走一个它已不需要的工人，即使这个工人在其他地方很容易找到工作。企业的观点是，它的劳动需求将来肯定会增长，而那时可能难以找到所需要的工人。

注意到这些道理之后，让我们再考虑增长模型。原来在第三章中提出的最初形式的模型是用来阐述粗放时期的。使模型能用来考察集约时期的最小变动是什么呢？

就业方程式(3.23)必须为其他两个方程式(6.6)和(6.7)所代替。这两个方程式中的一个是劳动供给方程式：

$$L_S(t)=L_{S,I}\Lambda_{S,I}^{t}, \tag{6.6}$$

其中 $L_S(t)$ 为 t 年的劳动供给，$L_{S,I}$ 是集约时期开始那年的劳动供给，$\Lambda_{S,I}$ 是劳动供给的增长因子。这个增长因子可以小于一，也可以大于一。例如，在匈牙利，以可得到的工人人数计量的劳动供给倾向于停滞，可是以工作小时计量的劳动供给却显示出稍微下降的趋势。由于在经济的日益增长的部分中工作小时正在为法律所减少，所以劳动供给的下降趋势将来可能会继续下去。

实际上，在集约时期，宏观水平的劳动供给可能会受名义工资或实际工资变动的影响。例如，一个孩子的母亲往往会把她为一个企业工作可得到的薪水和国家给予在家照顾孩子的母亲的补贴数加以比较，来决定她是否参加工作；但是甚至在这种决定中，托儿所、幼儿园的有限容量和家庭环境等等也许是更有分量的自变量。由于这个原因，工资→劳动供给的因果联系的效应似乎是相当微弱的。

几位“不均衡理论”的代表已经提出这样的观点，即在消费品市场的过度需求与劳动供给之间存在着一种联系，如果一个人不能花掉他所赚得的钱，那就不值得花精力去赚许多钱了。可是我们自己的经验不能证实存在着这种关系。为了阻挡许多人参加赚工资的工作，由短缺引起的被迫的家庭储蓄必须上升到极高的水平。

我并不完全拒绝这样的观点，即在模型中——在研究的稍后阶段，尤其是模型已经应用于计量经济分析的时候——应包含一个或两个附加的工资与劳动供给之间或短缺与劳动供给之间的内生相互关系。可是，在这种初步的理论近似中，这样做暂时似乎还是不适当的。以(6.6)为基础的叙述——其中劳动供给仅仅是时间的函数——作为初步的、暂时的近似看来是合适的。

根据集约时期的定义，就业方程式的新形式如下：

$$N(t)=L_S(t)。\qquad (6.7)$$

这个方程式在附录一中编号为(1.10－*int*)。把方程式(1.10－*ext*)和方程式(1.10－*int*)加以比较，我们就可以看出，在我们的模型中，长期流行的是“短边规则”。[①] 当需求比较低的时候，方程式(1.10－*ext*)是有效的，因为劳动供给后来落后于劳动

① 如果此刻我们根本不用“短边规则”，也许同我们模型的精神更为一致。如我已经提到的那样，实际情况是，甚至在存在着大量劳动储备的时期，某些部门或某些地区内也存在着部分劳动短缺。而且在劳动短缺时期也存在一定量的外部储备劳动，它们可以通过创造令人喜欢的就业机会或提供更好的劳动条件、服务场所或更好的薪水被吸收到生产中来。就如我们在本模型中为产品市场做成的那样，建立劳动短缺与劳动闲置同时并存的模型也不是特别困难的。

需求，所以方程式(1.10－*int*)变得有效了。这种两分法可以总结如下：

$$N(t)=min(L_D(t),L_S(t))。\tag{6.8}$$

当需求和供给交替地被证明为短的一边，并且情况可能突然从过度需求转变为过多供给，或从过多供给转变为过度需求时，“不均衡理论”喜欢使用这种公式。这不适用于我们的情况。我们这里讨论的过程是不可逆转的。经历了几十年的需求约束型的劳动市场之后，现在劳动市场的情况转变为资源约束型的了——但是它再也不能从后一种状态回到前一种状态去了。只要体系的所有制和其他制度上的安排不变，长期劳动短缺将继续是体系的特征。因此，在本模型中插入“转换规则”(6.8)是无用的。[①]

模型要实现的进一步变动是方程式(1.11)的完成。这个方程式通过增加如下的反馈项解释一般短缺：

$$+\zeta_L(L_D(t)-L_s(t)-\Lambda_{S,I}^{t}Z_{L,I}^{*})\tag{6.9}$$

其中，$Z_{L,I}^{*}$是集约时期开始时正常劳动短缺的初始值。乘积 $\Lambda_{s,I}^{t}Z_{L,I}^{*}$是 t 年的正常劳动短缺。乘积中的两个因素都被指定为外生参数。把这个新因素引进方程式表明如果劳动短缺比正常状态更强烈，这将加强一般短缺，反之亦然。

让我们称附录一所总结的初始模型和按照(6.6)与(6.7)进行修改的就业相互关系以及由(6.9)扩大了的短缺方程式一起为集约时期的模型。在第四章和第五章中提出的关于粗放时期模型的

① 更有甚者，在差分方程体系内对这种“转换规则”进行数学的讨论也是不方便的。

所有定性的命题和猜测，在细节上做了必要的修正后，也适用于集约时期的模型。使体系能够增长的实际条件可以是给定的，而且存在着一种可行的正常轨道。体系是可控制的，在第 73—78 页上所说的关于体系的稳定性的话都可以复述。为了避免重复，我们就不详细论述了。我们仅仅就正常轨道补充几句。

关于粗放时期，我们曾解释说，在正常轨道上，相互关系(4.6)是有效的：$\Gamma^{*}=\Lambda_{N}^{*}\Psi$。因为现在就业由供给一方决定的，另一种可替换的关系适用于集约时期：

$$\Gamma^{*}=\Lambda_{S,I}\Psi。\tag{6.10}$$

这是著名的哈罗德-多马关系，只是以我们模型的语言重新加以阐述而已。在左边，我们有与“有保证的”增长率相应的增长因子，而在右边，有与自然增长率相应的因素。在左边，一般增长因子由模型的一组实际参数联合决定，右边，是劳动供给与(同年存在投资)生产率增长因子的乘积。

当条件(A)、(B)、和(C)如(4.3)详细说明的那样，得到满足的时候，经济体系在集约时期也有一条 H－N 正常轨道。考虑到长期趋势，存在一条增长轨道，在这轨道上，可再生产的存量和流量变量(生产、投资、存货、消费)即使在集约时期也以一种不变的、同一的比率增加。在这同一条轨道上，正常短缺强度(以初始单位$\bar{Z}$计量)是不变的。

H—N 正常轨道是与使经济超过“自然增长率”加速增长的经济政策上可能的努力不相容的。只有在积累率长期持续增长而实际工资率比劳动生产率增长得更慢，以且(4.3)提出的条件在其他方面也被违背的情况下，两者并存才可能实现。这种类型的增长可以在理论上加以考察，但这样做会使我们离开 H－N 模型的家族。本书所提出的模型也属于这个家族。因此我必须仅仅满足于指出这个问题，而不能在此对它进行适当的考察。

粗放时期和集约时期的增长率

在前一节的结尾部分我们仅仅涉及质的分析。结果是，这两个时期的模型具有相同的一般“制度理论”性质。这些性质包括增长能力、还存在着一条可行的正常轨道，及其指数上日益增长的性质、可控制性和稳定性，等等。但是，现在我们要考察这两个时期之间的几个数量上的差异。

借助我们的模型，我们将仿佛在实验室里那样比较匈牙利粗放增长和集约增长的条件。我们这将不考虑所有其他外部和内部的条件，并且也不涉及一个时期向下一个时期过渡的特殊困难。在图 6.6 中，我们在横轴上表示正常轨道上的积累率。

$$i(t)=[B(t)+\Delta U(t)+\Delta V(t)]/(1-\alpha)X(t)。\qquad (6.11)$$

在 H－N 正常轨道上，积累率是常数：对每个 t，$i(t)=i^*$。在纵轴上表示正常增长率 r^* ：$r^*=(\Gamma^*-1)$。

点 r_E^* 是粗放时期的正常增长率。它是以前面所说的模拟中已经作出的计算为基础的。集约时期由两点表示：两种假设的“纯粹实例”。（当然，两者之间可能有过渡的实例。）两点都指出了与可能的正常轨道 H－N 相联系的一对比率（i^*，r^*）。

决定了左边一点 $r_{I,1}^*$，这就保证了体系在集约时期以与粗放时期同样的积累率增长。在这种情况下，经济的增长率是很低的：

粗放时期所特有的增长率是6%,集约时期的增长率则下降到4%左右。

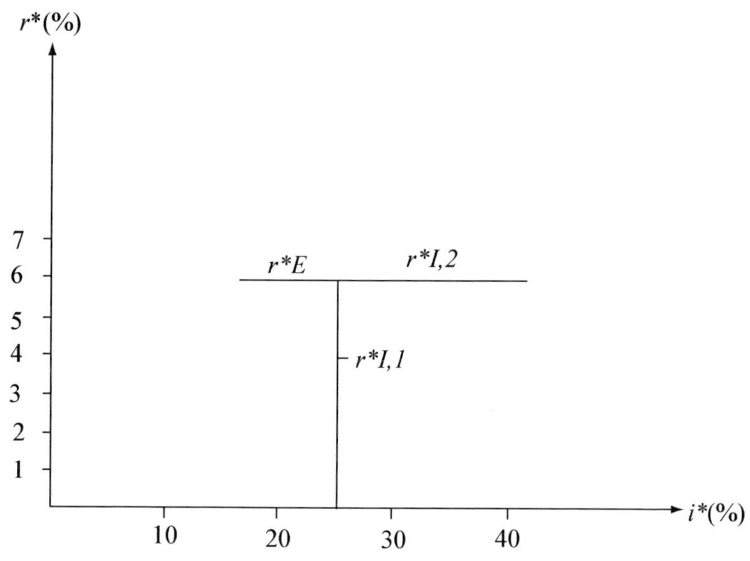

图 6.6　集约时期的增长率和积累率

右边一点 $r^*_{I,2}$ 的决定是以这样的假定为根据的:经济政策的制定者愿意以任何代价维持粗放时期的正常增长率。有这种想法,那就要做好提高积累率或压缩消费的比例的准备。为了实现这个目标,集约时期的初始工资率 $\omega_{N,I}$ 必须大幅度地低于在较低积累率情况下的工资率水平。为了保持这种增长率,积累率必须比粗放时期大大地增加。粗放时期所特有的这种增长率是可以被维持下去的——即使不改变其他条件——但只是以消费为代价。

实际上,随着劳动储备的枯竭,还有另外一些困难阻碍着包括匈牙利在内的几个东欧社会主义国家的增长。我们在此指出其中的三种困难:

（1）世界市场价格比例的变化改变了贸易条件，从而不利于这些国家。尤其是能源相对价格的上涨使人忧虑。

（2）先进资本主义国家的衰退、世界经济增长的普遍减缓和跟着来的保护主义措施使出口更为困难。

（3）在前几十年中，基础部门的发展被忽视了。加速某些部门（例如，住宅建设、道路建设等等）的发展已刻不容缓。而且这些领域的发展特别是投资密集型的。

东欧的经济学专家和经济管理人员都常常讨论这些现象。本书展开的思路只打算支持已被广泛接受的这种观点，即劳动储备的枯竭本身就足以迫使经济体系离开其旧的增长轨道，走向新的、更慢的增长轨道。

从粗放时期到集约时期的过渡：技术的选择

向新的增长轨道转变时是有着某种困难的。我认为，当我们的模型把注意力集中于过去某一种现状的日常行为、反复和再生产时，它强调了实际经济体系的一个重要特点。在第 68—74 页讨论正常值的时候，我曾强调习惯在确定正常值上的重要作用。体系的震动或彻底、持久的变化，的确强迫正常值发生变化，然而这并不是一夜之间发生的。

例如，让我们看看对待技术选择的各种态度。在粗放时期有两种倾向自我表现出来。第一种是与扩张竞赛联系着的。由于投资资源是有限的，而劳动数量实际上可无限取得，争取以最快速度扩张这种压力使企业倾向于选择投资较不密集而劳动比较密集的技术。同样的原因促使他们保留陈旧而过时的机器，不拆毁已经坍坏的建筑物，而是加以维修并在它们旁边建新厂。第二种倾向恰恰具有相反的效果：工厂的工程师和其他专家倾向于采取最新技术。安装最新技术的设备遇到的困难较少，结果操作起来也更容易、更舒适。"职业的自尊心"在一定程度上也推动了迅速的现代化。新技术的吸引力不仅在工厂本身内部被感受到，而且也为上层经济管理者和政治家们所感受到。

最后，作为一种宏观的平均，两种倾向之间的妥协是不可抗拒的。毫无疑问，存在着一种蓄意选择的"最优组合"，但是某种混合物的产生是相当偶然的。经常发生的情况是，在同一企业中，过时的部分和新式的部分并行地发挥着作用。这是"现代化程度"为什么在同一个国家内如此分歧的一个原因。

人们在文献中不止一次地提出，新古典理论认为在合理的投资决定中起着主要作用的利率——一般是生产要素的价格——在社会主义经济中能得到最好的发挥。我不愿意从规范理论的立场评论这一观点。然而，从社会主义实践的写实理论的立场研究它，我可以说这样的分析实质上并不影响技术的选择。[①]

我们可以提出一个更一般性质的命题：社会主义经济的粗放时期中不存在能指导技术选择的明确而很好地规定的信号体系和计算原则。因此，粗放时期的现实在我们的模型中得到适当的反映，因为我们的模型并没有包含对技术选择的外生控制，但相反简

① 这是一个重要的论据，它表明在建立宏观投资控制模型时，不考虑利率、名义工资和货币与财政变量是有道理的。

单地把技术进步说成是一个时间函数。

随着粗放时期的结束，人们更频繁地感觉到部分劳动短缺。后来，几乎任何人都明白地认识到整个经济的劳动储备正在耗竭。劳动短缺的各种具体表现和它们所引起的种种问题，作为一种信号体系，促使人们加速采用节约劳动的技术。

从最初感觉到短缺到普遍承认短缺，从承认短缺到作出技术选择的新决定其间经历相当长的时间，这又缓慢地在释放劳动力方面发挥其作用。比如说，集约时期第一年发动的同年存在投资只有在 G 年以后才能导致新生产能力的运转。即使这新的同年存在投资已经体现最节约劳动的技术，它也只能代表该时期固定资本的一小部分。由于集约时期的设备更新速度几乎不能加快，所以这一切就更真实了。数量竞赛持续存在，而企业“无意”放弃旧机器，因为旧机器毕竟还能生产点东西。图 6.7 以图解形式说明过渡的动态。

在粗放时期，决策者一般只接受有关投资资源短缺（资本短缺）的数量信号，而不接受有关劳动短缺的信号（除了那些已经体验过部分劳动短缺的部门和地区）。与此相反，在成熟的集约时期（那时，经济已习惯于正常的劳动短缺），决策者同时并且相等地接受关于劳动短缺的数量信号和关于投资资源短缺的数量信号。这些数量信号在选择技术方面指导决策者。也许完全有可能在模型中内生地建立这种信号体系及其有关的反馈和控制。这是有待于进一步研究的任务之一。

到目前为止，我们仅仅讨论了技术选择态度的转变。实际上，调整的内容更广泛得多。所有的正常值都必须调整得与新形势相

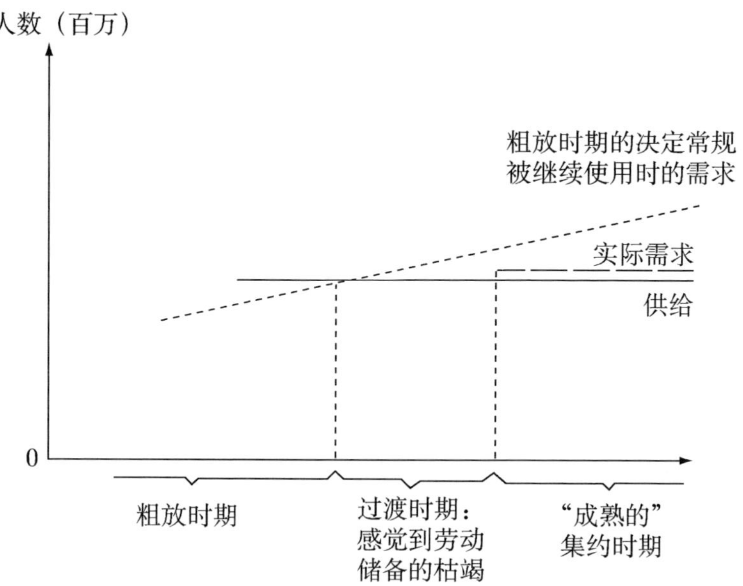

图 6.7　从粗放时期到集约时期过渡的动态

适应，但这事绝不会毫无阻力地实现。尤其是对最重要的正常值，（即增长因子 Γ_j）而言，调整是艰难地实现的。关于增长率的过去的预期、希望和幻想持续存在。

在这一点上，第 74—78 页讨论的、与增长模型的数学稳定性有关系的那些问题的范围更接近现实生活了。在粗放时期到集约时期的过渡期间，体系是不稳定的。由于实际参数已经发生变化，所以早期的正常值和控制机制不再能驱使体系回到其原先的正常轨道上去。另一方面，新的正常值和新的控制机制还没有建立起来。在计算机模拟中或在理论分析中，修改经济体系的模型使其转变到集约的轨道上去是容易的。然而现实的经济体系只能在伴随着摩擦、波动而且往往承受很多痛苦的情况下使自己适应新的条件。

第七章　结束语

这本小书中所讨论的都不能看作是一个已完成的研究项目的最终报告，而毋宁看作是一个进度报告。在引进模型时，我已强调指出，到目前为止所完成的工作的主要成果是模型本身。并且我已力图使读者感觉到这个工具很可以用来研究各种经济问题。存在着大量我们将用本模型来考察的问题。这项工作既可以通过分析，也可以通过计算机模拟来完成。特别重要的是加强经验背景并设法通过宏观计量经济分析来证实这个模型。

研究以不变和同一的速度增长的体系，具有重大的理论意义和实践意义。不过，我们值得进一步去研究，怎样一种公式表达法更适合于描述可变速度增长（不论是减速的还是加速的）或对每一部门和每一种过程都速度不同的可变速度增长。这是一个奠定假设基础的问题。特别是需要放松这两个最极端的简单化的做法：排斥替代和把技术进步看作是外生变量。

社会主义经济运行的许多重要方面可以借助这里使用的公式表达法来描述。这种公式表达法是以从数学控制理论、按定额（正常值）进行控制的思想等方面借来的技巧为基础的。然而，由于我们的方法具有种种限制因素，所以许多重要的特点必然要从描述中略去。肯定不存在另外的某种完备的模型。如果我们想要精心搞出一种更完满、更全面的社会主义经济的宏观动态理论的话，那么看来更重要的是建立一套不同的模型，其中的每一个模型都是在某一方面是不足的、片面的，但又是互相补充的。

在指出我们仍然面临的研究任务时，我想说清楚一点，即作者本人要比读者更不满意于这个模型，而且比读者更急于要作进一步的发展。设法使我相信，某一个变量应该包括在模型之中，或者某些方程式的结构应该加以修改，这对我的批评者来说是很容易做到的。但这些在模型中都是次要的问题。我想要坚持的——如果我可以用这样一个词的话——是模型的基本性质，即它的特殊性质。本书既已到了结束的时候，那就让我指出其中几个特点吧。

短缺的作用

本模型最重要的特点之一是它对短缺的处理。正像我在第17—18页提到的那样，人们在计量经济学、计量社会学和心理测验学中日益认识到存在着种种也许不能直接计量但在解释因果的理论中仍起重要作用的变量。可是除了几个例外，[①]这种认识在正式的增长模型的建设中没有得到反映。在这一点上，把变量 Z 引进模型乃是增长理论文献中的一个新的起点。对我来说，这一进展看来既是易处理的又是有效前进的一步。

---

① 首先必须提到的是 I. 阿德尔曼和 C. T. 莫里斯的开拓性著作：《社会、政治学和经济发展：一种数量研究方法》，巴尔的摩，约翰-霍普金斯出版社，1976 年和《发展中国家的经济增长和社会平等》，斯坦福，斯坦福大学出版社，1973 年。

我认为这方面最重要的不是我们是否接受决定变量 Z 的那种初步实验计算的实际统计方法，也不是我们是否同意解释短缺变化的方程式(1.11)的结构或 Z 在其他方程式中出现的形式。所有这些细节可以加以修改和改进。关键之点是方法论概念本身，有了这种概念，我们可以把那些因素引进宏观模型和增长模型作为叙述和解释复杂现象的合适的和非常规的潜在变量，即使不能直接观察和计量这些因素。这也许是建立其他类型的体系时也值得考虑的一项原则。

除了方法论的知识以外，引进变量 Z 也可以使我们知道一些关于增长模型结构的知识。在数理经济学文献中，可以方便地分为两个课题领域。一方面，短期宏观模型是充分就业和失业、潜在产出和小于潜在产出、过度总需求和过度总供给等问题的特色。另一方面，动态增长模型研究增长率、投资、技术进步和劳动生产率等问题。本模型是把这两个课题领域结合起来的一种朴素的尝试。虽然在经济内容方面，它使用了数学意义上的固定系数，但我们规定了投入函数，并且是以这样一种方式规定的，即生产和投资的效率取决于市场的宏观状态、即它与瓦尔拉状态的距离，也就是说取决于短缺的强度。我们试图证实市场的宏观状态(在我们的场合是短缺)、投入的利用效率和总体增长率是相互依赖的。我可能过分乐观，但是我觉得模型在这方面比迄今已被这种分析所证明的要丰富得多。在进一步研究的过程中，还可以从这个模型中引申出许多道理来。

社会主义经济的内在的规律性

最后，就我自己的判断来说，模型最重的性质是它叙述社会主义经济的方式。许多人倾向于这种观点，即社会主义经济应被解释为“行政组织”的一种特殊形式。根据这种观点，体系中所发生的事都取决于经济管理，尽管某些物质的和技术的条件是给定的，在其他方面，各种决定都是不受限制的。

本模型的哲学与此不同，东欧社会主义各国经济体系的运行暴露出某些独特的规律性。[①] 在每一决策层次上，决策者的行为在某种意义上是有规则的：一定的刺激和信号导致一定的结果。[②]

这并不是说，决策者都是机器上无生命的螺丝钉。我丝毫没有想要否认决策者具有选择权同时也有责任心。经济政策和计划工作对整个经济发挥作用并产生极强的社会影响。

这是经济学中所以需要规范方法和叙述方法这两种不同的方法的原因。规范模型在经济政策和决定国民经济计划方面，在作出明确的决定之前，都有发言权。它有助于揭示各种可供选择的办法和预测决定所带来的结果。另一方面，对叙述—解释理论来说，一系列过去的决定早已是可以获得的，通过分析这一系列过去

① 把这些规律性称为“规律”也许是太自负了。要找出前面系统阐述的规则性中哪些是可以看作“运动规律”的，就必须对一段更长得多的时间进行更严格的逻辑分析，而且主要地是进行更彻底的观察。

② 其所以用单独估价的关系和宿命论的关系来阐述这种情况，仅仅是为了使数学表述简化的缘故。实际上，这涉及随机的规律性。

的决定，叙述—解释理论试图发现它们是否显示出任何共同的规律性。

我们的模型在这方面必须提供的东西是不能令人满意的。我乐意看到一种更好的叙述。真正重要的事实际上是着手去完成这样一项任务：用公式表示的理论模型来说明社会主义经济增长的内在规律性和控制这种增长的内在规律性。

附　　录

一　模型概要

符号

变量

t=时间,整数变量(说明:年的顺序号码)
θ=时间的替换,整数变量
τ=时间的替换,整数变量
A=现期投入
B=投资投入
H=家庭购买
J=同年存在投资创造的工作职位数目
K=所承担的投资义务
L_D=劳动需求
L_S=劳动供给
M=同年存在投资量
N=就业
P=标准生产率
q=同年存在投资生产率
U=产出存货
V=投入存货
W=实际工资基金
X=生产
Y=企业的购买
Z=短缺(宏观短缺指数)

实际参数

符号	C=系数 G=增长因子	方程式编号	说　　明
G	—	(1.3)(1.5) (1.8)(1.9)	孕育期
$L_{S,I}$	—	(1.10-*int*)	集约期初始年的劳动供给
T	—	(1.8)(1.9)	固定资本的经济生命
Z_O^*	—	(1.26)	初始年的正常短缺
Z_L^*	—	(1.10-*int*)	正常劳动短缺
α_X	C	(1.4)	现期投入系数
α_Z	C	(1.4)	短缺对现期投入的实际效应
β_M	C	(1.3)(1.5)	同年存在投资的支出份额
β_Z	C	(1.5)	短缺对投资投入的实际效应
Γ_Z	G	(1.26)	宏观短缺指数的增长因子
ζ_K	C	(1.11)	所承担的投资义务对短缺的影响
ζ_U	C	(1.11)	产出存货对短缺的影响
ζ_V	C	(1.11)	投入存货对短缺的影响
ζ_Z	C	(1.11)	短缺的自动递减效应
ζ_L	C	(1.11-*int*)	劳动短缺对一般短缺的影响
χ	C	(1.6)	初始的工作职位创造系数
λ	C	(1.7)	初始的同年存在投资的生产率系数
$\Lambda_{S,I}$	G	(1.11-*int*)	集约时期劳动供给的增长因子
π_Z	C	(1.8)	短缺对标准生产率的实际影响
Φ	G	(1.6)	工作职位创造的增长因子
Ψ	G	(1.7)	同年存在投资生产率的增长因子

控制参数

符号	C=系数 G=增长因子	方程式编号	说　　明
M_O	—	(1.17)	初始年的同年存在投资的正常量
Γ_H	G	(1.25)	消费的正常增长因子
Γ_K	G	(1.24)	所承担投资义务的正常增长因子
Γ_M	G	(1.17)	同年存在投资量的正常增长因子
Γ_Y	G	(1.19)	企业购买的正常增长因子
η_V	C	(1.14)	投入存货对企业购买决定的反馈
η_Z	C	(1.14)	短缺对企业购买决定的反馈
μ_H	C	(1.12)	消费对同年存在投资量决定的反馈
μ_K	C	(1.12)	所承担投资义务对同年存在投资量决定的反馈
μ_Z	C	(1.12)	短缺对同年存在投资量决定的反馈
ξ_U	C	(1.13)	产出存货对生产决定的反馈
ξ_Z	C	(1.13)	短缺对生产决定的反馈
ρ	C	(1.22)	正常产出存货系数
σ	C	(1.23)	正常投入存货系数
χ_W	C	(1.20)	花费比例
χ_Z	C	(1.20)	短缺对家庭购买决定的反馈
ω_H	C	(1.16)	消费对实际工资基金的反馈
ω_N	C	(1.21)	初始的实际工资率
Ω	G	(1.21)	实际工资率的正常增长因子

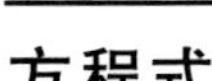

方程式

实际领域

存货方程式

产出存货：

$$U(t)=U(t-1)+X(t-1)-Y(t-1)-H(t-1)。\tag{1.1}$$

投入存货：

$$V(t)=V(t-1)+Y(t-1)-A(t-1)-B(t-1)。\tag{1.2}$$

所承担的投资义务：

$$K(t)=\sum_{\theta=1}^{G-1}\sum_{\tau=\theta+1}^{G}\beta_M(\tau)M(t-\theta)。\tag{1.3}$$

投入—产出关系

现期投入：

$$A(t)=\alpha_x X(t)+\alpha_z(Z(t)-Z^*(t))。\tag{1.4}$$

投资投入：

$$B(t)=\sum_{\theta=0}^{G-1}\beta_m(\theta+1)M(t-\theta)+\beta_z(Z(t)-Z^*(t))。\tag{1.5}$$

同年存在投资的工作职位创造：

$$J(t)=\chi\Phi^t M(t)。\tag{1.6}$$

同年存在投资生产率：

$$q(t)=\lambda\Psi^t。\tag{1.7}$$

标准生产率：

$$P(t)=\sum_{\theta=G}^{T+G-1}J(t-\theta)q(t-\theta)/\sum_{\theta=0}^{T+G-1}J(t-\theta) -(\Psi^t/\Gamma_z^t)\pi_z(Z(t)-Z^*(t))。\tag{1.8}$$

劳动需求：

$$L_D(t)=\sum_{\theta=G}^{T+G-1}J(t-\theta)。\tag{1.9}$$

劳动供给(只有在集约时期的)：

$$L_S(t)=\Lambda_{S,I}^t L_{S,I}。\tag{1.9-int}$$

就业：

$$N(t)=L_D(t)。\tag{1.10-ext}$$

$$N(t)=L_S(t)。 \tag{1.10-int}$$

短缺：

$$\begin{aligned}Z(t)=Z^*(t)&+\zeta_K(K(t)-K^*(t))\\&-\zeta_U(U(t)-U^*(t))\\&-\zeta_V(V(t)-V^*(t))\\&+\zeta_Z(Z(t-1)-Z^*(t-1))\\&+\zeta_L(L_D(t)-L_S(t)-\Lambda^t_{S,I}Z^*_{L,I})。\end{aligned} \tag{1.11}$$

（议论：右边最后一项只在集约时期的模型中出现。）

控制领域

控制方程式

同年存在投资量：

$$\begin{aligned}M(t)-M^*(t)=&\mu_H(H(t-1)-H^*_{plan}(t-1))\\&-\mu_K(K(t)-K^*(t))\\&-\mu_Z(Z(t)-Z^*(t))。\end{aligned} \tag{1.12}$$

生产：

$$X(t)-X^*(t)=\zeta_U(U(t)-U^*(t))+\zeta_Z(Z(t)-Z^*(t))。 \tag{1.13}$$

企业购买：

$$\begin{aligned}Y(t)-Y^*(t)=&-\eta_V(V(t)-V^*(t))\\&-\eta_Z(Z(t)-Z^*(t))。\end{aligned} \tag{1.14}$$

家庭购买：

$$H(t)-H^*_h(t)=-\chi_Z(Z(t)-Z^*(t))。 \tag{1.15}$$

实际工资基金：

$$W(t)-W^*(t)=-\omega_H(H(t-1)-H^*_{plan}(t-1))。 \tag{1.16}$$

控制变量的正常值

同年存在投资的正常量：

$$M^*(t)=\Gamma_M M^*(t-1)=\Gamma_M{}^t M_0。\tag{1.17}$$

正常生产：

$$X^*(t)=P(t)N(t)。\tag{1.18}$$

企业的正常购买：

$$Y^*(t)=\Gamma_Y Y(t-1)。\tag{1.19}$$

(从实际工资推导出的)正常家庭购买：

$$H_h^*(t)=\chi_w W(t)。\tag{1.20}$$

正常的实际工资基金：

$$W^*(t)=\omega_N \Omega^t N(t)。\tag{1.21}$$

充作反馈信号的正常值

正常产出存货：

$$U^*(t)=\rho(H(t-1)+Y(t-1))。\tag{1.22}$$

正常投入存货：

$$V^*(t)=\sigma(A(t-1)+B(t-1))。\tag{1.23}$$

正常的投资承诺：

$$K^*(t)=\Gamma_K K(t-1)。\tag{1.24}$$

正常消费：

$$H_{plan}^*(t)=\Gamma_H H(t-1)。\tag{1.25}$$

正常短缺：

$$Z^*(t)=\Gamma_Z Z^*(t-1)=\Gamma_z^t Z_0^*。\tag{1.26}$$

二　统计表

表 2.1　部分短缺指标(匈牙利的数据)

	(1) 被建筑业拒绝的订货(被拒绝的订货除以年产量,%)	(2) 购买小汽车的排队时间(积压而未交付的订货除以年销售量。)
1965年		3.34
1966		0.69
1967		0.89
1968		1.66
1969		3.75
1970	49.8	2.95
1971	24.9	2.65
1972	9.2	2.16
1973	7.5	1.28
1974	17.0	0.57
1975	30.3	2.00
1976	39.4	2.85
1977	41.0	4.18
1978	26.5	5.48
1979	17.0	3.77

资料来源:(1)栏,建筑与城市发展部;(2) 栏,负责销售小汽车的“水星”企业。

表 2.2　匈牙利和日本的建设时期

匈牙利数据:平均建设时期(样本涉及几个行业)	1976 1977	32.5 个月 32.3 个月
日本数据:平均建设时期	1966	
木材工业		12 个月
化学合成工业		16 个月
药品工业		6 个月
纺织工业		12 个月
发电站		30 个月

资料来源:Z. 帕西:“各投资项目的建设时期”,见《财政评论》月刊,1979 年,第 23 期,第 137—159 页。

表 2.3　投资(国际比较)——年增长率(%)

国家	1968—1972	1973—1977
保加利亚	5.9	9.7
德意志民主共和国	7.2	6.1
匈牙利	8.0	8.5
波兰	13.3	10.5
奥地利	7.5	2.5
丹麦	7.0	2.0
芬兰	10.9	0.6
希腊	7.7	-3.5
爱尔兰	6.7	5.6
意大利	6.0	4.1
西班牙	9.9	0.4

资料来源:资本主义各国的来自联合国和经济合作与发展组织的资料,见社会主义各国的来自国民统计年鉴。

表 2.4　存货的构成(国际比较)

国家与日期		产出存货在总存货中的比重(%)
德意志民主共和国	1963	15.4
匈牙利	1976	11.9
波兰	1975	17.0
奥地利	1976	32.1
加拿大	1970	31.3
日本	1975	53.2
瑞典	1977	38.2

资料来源:契康和纳吉:“关于增长与存货构成的关系的资料”,见《数学论集》月刊,布达佩斯,1979 年。

表 2.5　存货系数(国际比较)——制造业单位生产存货

国家	1970	1975	1976
匈牙利	0.808	0.829	0.850
加拿大	0.433	0.428	
英国	0.483	0.441	
日本	0.361	0.331	
瑞典			0.394
美国	0.339		

资料来源:同表 2.4

表 2.6　固定资产的利用(国际比较)——电能的实际消费(在名义上的最大消费中的%)

国家	1966	1967	1968
匈牙利	14.9	15.7	15.2
英国	18.8	18.2	18.9
韩国	18.5	19.8	23.5

资料来源:利勒,"匈牙利制造业中固定资产的利用的过去倾向与未来趋势",油印本,布达佩斯,1979 年。

表 2.7　活动率(国际比较)

国家	1975 年的活动率(%)
保加利亚	53.4
捷克斯洛伐克	50.1
匈牙利	49.6
罗马尼亚	55.9
希腊	42.3
爱尔兰	38.0
意大利	37.3
葡萄牙	39.0
西班牙	34.9

资料来源:《国际劳工组织统计年鉴》。

三　作为例证的计算:宏观短缺指数的估计

我们使用四个短缺指标,其中 3 个有 15 年的时间系列,另一个有 10 年的时间系列。作为例证,我们在表 2.1 中提出其中的两个系列，另外两个是亚诺什·加克斯写出的建筑材料短缺指数[①]和家庭储蓄对其自身趋势的背离。[②]

通过使用这些数据，我们进行了一种基本成分分析。[③] 用这种方法计算出的第一基本成分具有能解释被观察变量（在我们的例子中是部分短缺指标）总变动的最大部分的重要性质。换言之，它能计量部分指标的长期联合运动。因此在这个用作说明的例子中，第一基本成分被看作是宏观指数$\bar{Z}(t)$的近似数。

现在我们要概括地说一下给第一基本成分下定义在数学上所包含的意义。

部分短缺指标被标准化为具有零的平均值和单位方差的变量。随后，确定集合系数的矩阵并计算与该矩阵的最大特征值相关的特征向量。第一基本成分是把那个特征向量的成分作为系数使用的（标准化的）部分指标的线性结合。

表 3.1　宏观短缺指数（根据匈牙利的数据）

年份	以 14 年时间系列为基础的指数	以 9 年时间系列为基础的指数
1965	0.412	—
1966	0.430	—
1967	0.429	—
1968	0.544	—

① 参阅 J. 加克斯，“短缺和得到补贴的发展：建筑业管理史上的趋势”，见《经济学评论》1976 年第 23 期，第 1043—1060 页和 J. 加克斯：《适应性计划工作和经济活动的周期性质》，布达佩斯，市场研究学院，油印本，1976 年。

② 后面两个部分短缺指标以它们现在的形式不能满足第三章第一节的规定(ii)，它们的起因与没有任何短缺现象的瓦尔拉状态不一致。

③ 彼得·韦里什帮助我澄清了一些数学—统计学问题。他也曾做过表 3.1 的基础计算。

（续表）

1969	0.600	—
1970	0.548	0.548
1971	0.498	0.486
1972	0.400	0.404
1973	0.401	0.401
1974	0.456	0.447
1975	0.508	0.496
1976	0.505	0.503
1977	0.553	0.531
1978	0.496	0.479

这些结果证明是令人满意的。宏观指数的时间系列$\bar{Z}(t)$已在表3.1中指示出来，并在附录图一中得到说明。如果我们只使用14年的时间系列，指数$\bar{Z}(t)$能说明部分指标总变动的65%。如果我们满意于9年的时间系列，但是也使用这段时期能得到的另外一些时间系列，我们就能够说明总变动的66%。通过使用所有四种部分指标而得到的宏观指数系列密切符合只以三种部分指标为根据的更长的时间系列，这个事实也令人放心。对变动的2/3作出的说明关系到根据经济直觉能预期到什么。它指出部分指标之间存在着相当强的正相关关系，同时也给特殊的解释因素对各种不同的短缺现象所发生的影响留有余地。

我们希望，读者以适度的谨慎接受上面的论证。我们不应该过高地估计表3.1中提出的实际计算。除了数据以外只使用了少数几个部分短缺指标，这种方法具有不确定性。虽然可以作出运用基本成分分析的好例证，未来的研究可能会发现选择函数ϕ的更好的方法。

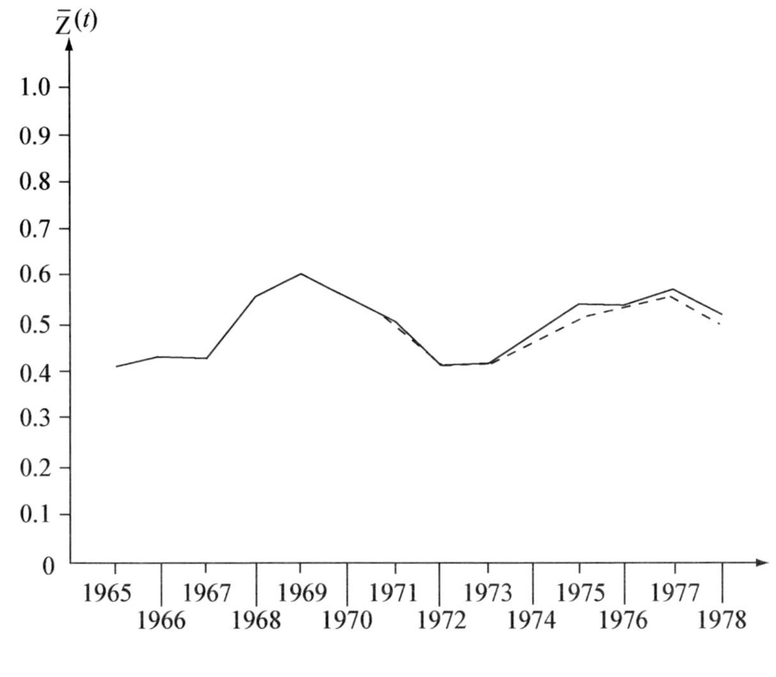

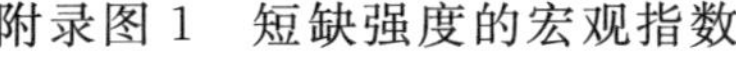
附录图 1　短缺强度的宏观指数

人名对照表

三　画

马修斯 Matthews，P. C. O.
马尔托斯 Martos，B.
马库斯基 Markoski
马林沃德 Malinvaud，E.

四　画

巴罗 Barro
贝乃西 Benassy
瓦里安 Varian，H. R.
韦里什，彼得 Wellisch，Péter
丹尼尔，茨苏沙 Daniel，Zsuzsa
戈尔德贝格 Goldberger，A. S.

五　画

卡尔多 Kaldor
卡莱茨基 Kalecki
卡皮塔尼，茨苏沙 Kapitány，Zsuzsa
布赖森 Bryson A. E.
布莱洛克 Blalock，H. M.
汉恩 Hahn F. H.
加克斯，亚诺什 Gács，János
卢卡斯，依洛那 Lukács，Ilona
弗里希，莱格纳 Frisch，Ragnar

六　画

米尔里斯 Mirlees，J. A.
米茨克维斯基 Mieczkowski，B.
西瓦克 Sivák，J.
西莫诺维茨，安德拉斯 Simonovits，András
达尼 Dányi，D.
邦斯 Bunce，V.
齐尔曼 Ziermann，M.
休恩曼 Schoenman，J. C.
约翰逊，雷夫 Johnson，Leif
安道尔卡 Andorka，R.

七　画

里杰蒂 Ligeti，I.
利勒 Rimler，J.
克因 Kyn，O.
苏斯 Soós，A. K.
纳吉，玛尔塔 Nagy，Márta
麦赞纳 Meszéna，Gy.

玛托斯,贝拉 Martos, Béla
沃尔德,赫尔曼 Wold, Herman
阿德尔曼 Adelman, I.

八　画

帕西 Pacsi
彼特,彼得 Pete, Péter
拉可,玛利亚 Lackó, Mária
罗宾逊,琼 Robinson, Joan
图尔肯斯 Tulkens, H.
林德贝克,阿萨 Lindbeck, Assar

九　画

哈尔,保尔 Hare,Paul
哈尔密 Halmi,Z.
哈罗德 Harrod
洛瓦斯,爱德 Lovas, Ede
科尔奈,亚诺什 Kornai, János
洪卡波亚 Honkapohja, S.
契康,阿蒂拉 Chikán, Attila

十　画

格尔德曼 Goldmann
格罗斯曼 Grossman
爱格纳 Aigner,D. J.
爱斯耐尔 Eisner, R.
索罗 Solow,R, M.
莫里斯 Morris,C. T.
诺依曼,冯 Neumann, von.
莱荣霍夫德 Leijonhofvud,A.

十一至十五画

曼蒂 Mándy, P.
斯泽克利 Székely, B.
斯泽佩西 Szepesi, Gy.
斯旺 Swan
斯拉玛 Slama, J.
斯扎克尔赞 Szakalozai, Gy.
斯莱特尔 Sohrettl
鲍尔 Bauer
鲍尔茨 Portes
鲍尼奥 Paunio, J.
温特 Winter
奥古茨提诺维克斯 Augusztinovics,M.
詹森,依尔约 Johnsson Yrjö
詹森,希尔玛 Jahnsson Hilma
福尔 Four, T.
豪瓦特,布兰可 Horvat, Branko
雷本斯坦 Leibenstein
赫韦特 Hewett, E. A.
德雷茨 Drèze, J.

图书在版编目(CIP)数据

增长、短缺与效率:社会主义经济的宏观动态模型/(匈)亚诺什·科尔奈著;潘英丽译.—北京:商务印书馆,2017

(汉译世界学术名著丛书:120年纪念版:珍藏本)

ISBN 978-7-100-14095-9

Ⅰ.①增… Ⅱ.①亚… ②潘… Ⅲ.①社会主义经济—宏观经济模型—研究—东欧 Ⅳ.①F151

中国版本图书馆CIP数据核字(2017)第138722号

汉译世界学术名著丛书

(120年纪念版·珍藏本)

增长、短缺与效率

——社会主义经济的宏观动态模型

〔匈牙利〕亚诺什·科尔奈 著

潘英丽 译

商 务 印 书 馆 出 版

(北京王府井大街36号 邮政编码100710)

商 务 印 书 馆 发 行

南京爱德印刷有限公司印刷

ISBN 978-7-100-14095-9

2017年12月第1版 开本710×1000 1/16

2017年12月第1次印刷 印张8¼

定价:55.00元